中国设施园艺区域发展研究

吕英民　张振贤　王秀芹　主编

中国林业出版社

国家“十一五”科技支撑计划
“设施园艺技术标准研究”（2006BAD07B10）资助出版

主　　编：吕英民　张振贤　王秀芹
副 主 编：程堂仁　张强英　高寿利　王舒藜
编写人员：吕英民　张振贤　王秀芹　程堂仁　张强英　高寿利　王舒藜
张英杰　李婷婷　吴沙沙　刁义维　李　彦　吴锦娣　焦雪辉

图书在版编目 (CIP) 数据

中国设施园艺区域发展研究 / 吕英民, 张振贤, 王秀芹主编. -- 北京 : 中国林业出版社, 2010.8
ISBN 978-7-5038-5909-0
Ⅰ. ①中… Ⅱ. ①吕… ②张… ③王… Ⅲ. ①园艺—保护地栽培—区域发展—研究—中国 Ⅳ. ①F326.13
中国版本图书馆CIP数据核字(2010)第167538号

中国林业出版社 · 环境景观与园林园艺图书出版中心
责任编辑：贾麦娥
装帧设计：张　丽
出版　中国林业出版社（100009 北京西城区刘海胡同7号）
电话　010-83227584
发行　新华书店北京发行所
印刷　北京画中画印刷有限公司
版次　2010年9月第1版
印次　2010年9月第1次
开本　210mm × 285mm
印张　7.75
定价　60.00元

前 言

设施园艺作为现代农业发展的一种重要体现形式，集合了土地、劳动力、资金和技术等要素，是高投入、高产出的集约型农业。我国不同区域自然条件、社会、经济条件的差异性，决定了不同区域设施园艺发展模式的不同。目前国内有关设施园艺的区域性及适应性研究比较薄弱，区域的划分比较粗略，很多研究是基于单一地区、单一类园艺作物或单个技术环节的，缺乏全国范围内的系统研究。如何在全国设施园艺产业发展的基础上，把握整体，对各区域进行合理有序的规划非常有必要。

本书通过调查研究、系统综合、个例分析等方法，深入设施园艺产业的重点发展区域，调查了全国6个省(山东、江苏、广东、陕西、甘肃、云南)、2个直辖市(上海、北京)的35个县、市，基本涵盖了设施园艺产业的重点发展区域。分析了我国不同地区设施园艺发展现状、设施园艺发展类型、区域设施园艺发展优势和劣势等特点，对不同地区设施园艺区域发展模式进行了系统深入的研究。紧紧围绕"区域特色"展开分析研究，因地制宜，制定不同地区特定条件下适合的区域发展模式，最终真正实现设施园艺安全高效生产。经过研究分析，得出以下结论：

(1)建立了全国不同地区，主要是以山东、上海为中心的华东地区，以北京为中心的华北地区，以云南为中心的西南地区，以广东为中心的华南地区，以陕西为中心的西北地区主要设施类型数据库，详细记录了不同设施类型的结构参数、基本性能和适用范围；

(2)根据各地区设施园艺产业的发展基础和特色，特别是设施花卉产业，分析了全国的设施园艺产业区划；以传统行政区划为基础，对华北地区、华东地区、华南地区、西南地区和西北地区分类汇总，提出了不同地区设施园艺产业发展的优势和不足，重点发展的设施类型、设施栽培园艺作物和设施产业区划。并在此基础上，根据不同地区的自然、社会、人文条件制定了区域设施园艺发展规划，探讨了设施园艺区域发展模式。并在此基础上，制定了草莓和非洲菊的生产技术规范。

本研究为中国设施园艺的产业区划和地区农业结构调整与布局提供了参考依据，并探讨了设施园艺技术标准的最新研究进展，具有一定的利用价值。

编者

2010年8月5日

目 录

Contents

1 引 言

1.1 设施园艺的概念、内容与特点

1.1.1 设施园艺的概念

不同的发展时期，不同的地区，不同的研究人员，对设施园艺的概念有着不同的理解。本书综合查阅到的文献，主要有以下4种：

①“设施园艺是指采用各种保护设备与方法，进行蔬菜与花卉等作物生产，主要包括塑料薄膜覆盖、塑料小棚、塑料温室和现代玻璃温室等类型”(中国农业科学院，1991)。

②“设施园艺是利用温室、塑料大棚等保护设施栽培蔬菜、花卉等园艺作物的生产方式，这些设施需要有一定的大小和高度，人可以在其内站立，操作自如”(《农业大词典》，1998)。

③“设施园艺是指在不适宜园艺作物(菜、花、果)生长发育的寒冷或炎热季节，利用保温、防寒或降温、防雨设施、设备，人为地创造适宜园艺作物生长发育的小气候环境，不受或少受自然季节的影响而进行的园艺作物生产”(张福墁，2001)。

④“设施园艺是指在外界自然条件不适宜园艺植物生长的季节，采用塑料中小拱棚、塑料大棚、温室或连栋温室等人工设施及相关联的加温保温、降温降湿、通风遮光等设备装置，人为地创造适合园艺植物生长发育的小气候环境而进行的园艺植物生产”(胡繁荣，2003)。

1.1.2 设施园艺的内容

设施园艺学是一门多学科交叉的应用性学科，集建筑工程、环境工程、生物工程为一体，内容丰富，涉及领域广泛，主要包括设施园艺技术的发展概况、在农业中的地位、园艺栽培设施的类型、结构与性能、覆盖材料的种类和性能、开发与应用、设施环境特性及其综合调控、设施作物育苗技术、主要设施作物生产栽培技术，其中包括种苗技术、植保技术、采后加工技术、无土栽培技术、设施设备标准化与规范化技术、农业机械化、自动化、智能化(张福墁，2006)。随着科技的不断进步，设施园艺生产自动化栽培技术成为设施园艺学研究的重点内容，同时对生态环境的要求越来越高，生态农业成为当今设施园艺学的热点内容。

1.1.3 设施园艺的特点

设施园艺已经成为现代农业中非常重要的一部分，在山东、辽宁、河北等地设施园艺产业已成为当地的支柱产业，它以工程技术、工业技术、信息管理技术和装备为基础，在很大程度上提高了土地利用率、劳动生产率、产品商品率等，具有传统农业不可比拟的优势。

(1) 高投入、高产出，技术和劳动密集型产业

设施园艺产业是一项高投入的产业，以日光

温室为例，最简易的干打垒竹木结构草苫保温日光温室，造价在33元/m^{2}以上，草苫换成棉被需再增加投资15元/m^{2}以上；砖、混凝土无立柱钢架结构温室造价为90～120元/m^2，尚不包括水、电、路等基础设施建设(王宏丽等，2008)。同时受到配套设备增加和物价上涨等因素影响，温室的建筑成本也在不断上涨，由最初土温室10元/m^2，增加到现在100元/m^{2}以上，部分现代日光温室甚至达到300元/m^2(潘百涛等，2008)。而大型连栋温室造价就更加昂贵，以PC板温室为例，全PC板造价约为500元/m^2。但同时设施园艺也是一项高附加值、高产出的现代化产业。根据抽样调查分析显示，设施园艺生产的年综合平均产值 20.22元/m^2，年净产值15.68元/m^2，比露地生产高3～5倍，投入产出比达到1:4.45。2008年，全国设施园艺产值为7079.75亿元，占园艺产业的51.31%，占种植业的25.25%，相当于畜牧业的34.39%，是渔业的1.36倍、林业的3.29倍。其中设施蔬菜播种面积444.45万hm^2，产量2470亿kg，产值6769.71亿元，净产值5248.98亿元，用22%的蔬菜播种面积，创造了36.84%的产量、63.1%的产值、61.54%的净产值(设施园艺发展对策研究课题组，2010)。同时，设施园艺学是跨部门多学科的综合科学，内容丰富，为劳动和技术密集型产业。作为一门新兴产业，设施园艺具有广阔的市场前景和强大的生命力。

(2) 人工创造适宜小气候，反地域、反季节进行农业生产

设施园艺中的温度、光照、湿度、水肥、土壤条件、植物营养以及综合环境条件都可以人工调控，因此可以根据当地的气候、地理、人文和社会、经济条件自主选择设施类型、栽培作物、设施设备和技术，进行实时实地的农业生产，从而可以创造植物生长的适宜环境，提高农业生产率。

(3) 有利于高效利用资源，建设节约型社会

中国是一个水资源和土地资源严重缺乏的国家，人均水资源占有量为2300m^3，是世界人均水平的1/4。同时人均耕地是世界人均平均水平的1/3，据推测，2010年，我国人均耕地为0.09 hm^2，2020年，人均耕地仅为0.07hm^2。同时在经济发展过程中，存在着资源的严重浪费和不合理利用，设施园艺借助于现代化农业设施、设备、计算机技术，可以在很大程度上实现资源的有效利用，节约能源，实现可持续发展。

(4) 有利于促进农业产业化、现代化、集约化和标准化

设施园艺涉及多门学科，依托于现代生物技术、现代工程技术、现代信息技术和现代管理技术，因此可以在很大程度上把握植物生长规律，为植物生长创造最佳环境条件，克服部分自然因素的制约；人工调配资源，实现资源的合理配置，发挥农业资源的最大效益；同时结合现代化农业设备和计算机技术，吸收高科技人才、现代化设备和管理经验，最终实现设施园艺产业现代化、标准化生产。

1.2 国内外设施园艺发展历史、现状和前景

1.2.1 国外设施园艺发展

1.2.1.1 国外设施园艺发展历史和现状

人类从何时开始进行设施栽培生产尚无准确的定义，据记载，国外保护地栽培的最早记载为柏拉图(公元前4世纪)在他的著作中提及的植物保护地栽培，罗马哲学家Senaca于公元1世纪记载了农民用云母片和半透明的滑石板做覆盖材料，利用太阳光热进行黄瓜的早熟栽培。

设施栽培的真正兴起大约是17世纪前后，15~16世纪，英国、荷兰、法国和日本等国家就开始建造简易的温室，栽培时令蔬菜或小水果(高峰等，2009)。日本江户时代庆长年间(1596~1615)静冈县采用草框油纸窗温床培育早春苗，进行瓜果类蔬菜的早熟栽培。到了16、17世纪，欧洲各地形成了

设施栽培蔬菜的技术；1684年，英国伦敦郊外的Chelsea农场，在双层的建筑物的一层用玻璃围住进行作物促成栽培，到1717年，开发成屋顶和四周都用玻璃覆盖的温室，17世纪法国、德国也相继有了温室生产。美国的温室是16世纪随着欧洲的移民而引入，18世纪初有了文字记载，19世纪初各地推广改进温室，19世纪中叶成立了温室建筑业；第二次世界大战期间，英国和美国的军人在荒岛上用无土栽培技术生产蔬菜，形成了工厂化农业的雏形。1994年，借助于工程技术，美国建立了第一个植物人工气候室，开展了植物对自然环境的适应性和抗御性能力的基础研究和应用研究(现代温室园艺，2005)。

19 世纪后期，温室栽培技术从欧洲传入美洲及世界各地， 中国、日本、朝鲜等国家开始建造单屋面温室。20世纪60年代以来，设施园艺在世界各国取得了飞速的发展，生产型高级温室开始建成。奥地利最先建成了番茄生产工厂；美国成功研制无土栽培技术，使温室栽培技术产生一次大变革。到20世纪70年代以后，日本、美国、荷兰、以色列、英国等国家相继致力于工厂化设施园艺的研究与开发，形成了一套完整规范的技术体系(张英等，2008)。到目前为止，荷兰共有1.2万hm^2 大型连栋现代化温室，是世界上拥有最多、最先进玻璃温室的国家，并能全面有效地调控设施综合环境条件，生态农业发达，商品率高达90%以上，86%产品出口销往世界各地；日本也是设施园艺大国，是世界上果树设施栽培面积最大、 技术最先进的国家， 设施园艺水平居世界前列，目前日本拥有温室总面积达5.4 万hm^2，在环境调控和封闭式育苗技术等方面取得了令人瞩目的成就；以色列是一个缺水的国家，依靠先进的设施园艺技术在沙漠地带的不利自然条件下，设施园艺生产达到较高水平，现拥有温室0.3万hm^2，多数为现代化大型连栋温室，温室的设备材料、滴灌技术和种植技术均属世界一流(高峰等，2009)。此外英国、韩国、美国、德国等国家都是设施园艺产业较发达的国家。

1.2.1.2 国外设施园艺发展新特点

(1) 设施产品多样化、特色化、专业化、规模化

依托于现代化农业技术，设施园艺产品呈现多样化特点，一些能产生高附加值的植物，如香料、特种植物、工业用原料植物、药用植物、食用菌及其他特种观赏植物等都已成为温室栽培的主要品种，温室类型和栽培品种趋于多样化。而且各国结合自己的经济、自然条件，行成了自己独特的设施园艺产品，以花卉为例，荷兰重点发展花卉种苗、种球、鲜切花等生产；美国则在草花、花坛花卉及盆花方面领先；同时哥伦比亚、以色列、日本等国家在国际花卉市场也占有相当的分量。

(2) 设施设备先进，生产力发达

随着经济技术在设施园艺产业的不断渗透，各国设施产业专业化和规模化程度加强，在农业技术先进的国家，每栋温室的面积都在0.5hm^2以上， 便于进行立体栽培和机械化作业；未来的计算机人工智能系统和气象站、种苗公司、生产资料、病虫害测报等相连接，不仅做到栽培环境全自动控制，而且可综合分析农资市场、气象、种苗、病虫害等情况，进行产量、产值的预测，为生产者提供更为广泛的信息情报和确切的决策依据。在国外，机器人的研发应用已被广泛重视，并取得初步成果。如日本、韩国研究开发了瓜类、茄果类蔬菜嫁接机器人(高翔等，2007)。以色列的温室设备材料、滴灌技术、种植技术及栽培品种的开发和培育均属世界一流，尤其在设施灌溉技术方面处于世界领先地位，其高效、节水灌溉系统可把设施土壤的盐渍化程度控制在很低水平(Sinaia，2007)。温室配套设备不断现代化，以水暖锅炉为主、点燃装置全部自动化的加温系统，电动天窗机构、手动及电动侧窗通风系统，内保温及外遮阳系统，CO_2 增肥系统，轴流风机、水肥及营养液一体化供给设备，新型覆盖材料，多功能、小型、轻便、高性能的设施园艺耕作

机具、播种育苗装置等，设施园艺产业专业化程度加强。

(3) 栽培技术先进，无土栽培应用广泛

无土栽培发展迅速，成为主要栽培方式，无土栽培具有节水、节能、省工、省肥、减轻土壤污染、防止连作障碍、减轻土传病虫害等多方面优点(高峰等，2009)。无土栽培有多种形式，但以简便、实用、投资少、效益高的岩棉培、袋培、浅层营养液培(NET)三种形式应用面积较大(吉红，2007)。据资料表明，全世界设施栽培面积大约为60万hm^2。面积在1万hm^{2}以上的国家有日本、西班牙、荷兰、美国、韩国、土耳其；面积在3000~5000hm^{2}的国家有加拿大、意大利、英国、葡萄牙、罗马尼亚、希腊；面积在1500~2000hm^{2}的国家有以色列、德国、比利时、智利、保加利亚、突尼斯、埃及等(张英等，2009)。目前，世界上已有100 多个国家将无土栽培技术用于温室生产，在发达国家的设施园艺中，无土栽培与温室面积的比例， 荷兰超过70%，加拿大超过50%，比利时50%；欧共体明确规定，进入21 世纪，所有欧共体国家园艺作物要全部实现无土栽培。

此外，温室生产由成本高的地区向成本低的地区转移；采用机械化、工程化、自动化技术，实现温室技术质量标准化、加工工艺流程化、经营管理科学化的运营模式是世界各国都在追寻的目标；温室环境控制和作物栽培管理向智能化、网络化发展；温室节能技术成为研究的重点。

1.2.2 国内设施园艺发展历史、现状和前景

1.2.2.1 我国设施园艺历史与现状

我国设施园艺栽培历史可以追溯到公元前2世纪，据汉代学者卫宏所撰《诏定古文官书序》记载，“秦既焚书，遒密令冬种瓜于骊山坑谷温处，瓜实成”。但是关于这段记载的可靠性尚有争议。我国种植植物温室始建于汉朝(公元前206年至公元23年)。西汉都城遗址汉未央宫，内有扶荔宫和温室殿，种植荔枝及南方引进的植物。《汉书卷八十九·诏信臣传》中记载：“太官园种冬生葱韭菜茹，覆以屋庑，昼夜燃蕴火，待温气乃生，信臣以为此皆不时之物”(蔬菜栽培学，1961)。这段史料比较详细地记载了生产场所、加温方式和种植作物，证明我国至迟在汉代已经有了保护地栽培蔬菜技术。《植物名实图考》也说到：“北地冬寒，培韭黄味美，即汉时温养之类”。

到了唐朝，公元618~907年，人们开始利用温室种植瓜类和花卉。诗人王建在宫前早春诗中曰：“酒慢高楼一百家，宫前杨柳寺前花，内苑分得温汤水，二月中旬已进瓜”，这是用温泉水进行促成栽培的描述(北京农业大学，1980)。

宋朝是我国设施园艺产业发展的一个重要时期。由于市场的需要，大大促进了当时花卉业的发展，花卉栽培技术趋于精细，创造了许多促成栽培新技术。其中最著名的为周密著《齐东野语》中记载的南宁临安马塍所创造的堂花法，即利用纸窗温室进行反季节栽培：“凡花之早放者名曰堂花，其法以纸饰密室，凿地作坎，绠竹置花其上，粪土以牛溲硫磺，然后置沸汤于坎中，少候，汤气熏蒸，则扇之微风，盎然盛春融淑之气，经宿则花放矣”(北京农业大学，1980)。

元朝时园艺种植业有了进一步的发展，蔬菜栽培技术也有新的创造，阳畦风障植韭技术，在农书中已有记载。据王祯《农书》记载：“至冬，移根藏以地屋荫中，培以马粪，暖而即长；高可尺许，不见风日，其叶黄嫩，谓之韭黄。”又言：“就归畦内，冬月以马粪覆阳处，随畦内蜀黍篱障之，用遮北风。至春，其芽早出；长可二、三寸，则割而易之，以为尝新韭。”明清时期，随着商品经济的进一步发展，传统保护地栽培技术在京郊得到更多应用和发展，出现了专门为宫廷提供鲜花的专业养花区，利用火室、火坑、风障、阳畦种菜已经非常普遍(北京市郊区蔬菜栽培技术调查组，1956)。

明清时期，商品经济的发展和城市的繁荣，助长了社会上对反季节花卉、蔬菜瓜果的需求，保护地栽培面积有所扩大，栽培技术不断提高。明代(1368~1644 年)王世懋所撰《学圃杂疏》载："王瓜出燕京者最佳，其地人种之火室中，逼生花叶，二月初即结小实，以备春盘荐生之用。"以后又相继创北京式的土温室和改良式温室。到清代末期，出现了现代意义上的温室，其结构形式为一面坡式，以玻璃作为透光材料，夜间采用草帘保温(北京农业大学，1980)。

中华人民共和国成立后，人民生活水平不断提高，普通老百姓对反季节蔬菜也有了需求。蔬菜周年供应问题被列入国家制定的1956~1967 年12年科学技术发展远景规划中蔬菜研究的中心问题，标志着政府开始介入并成为设施园艺发展的重要推动力量。为了尽快推广保护地栽培技术，1956年，农业部组织全国各地25个单位的蔬菜干部33人， 组成北京市郊区蔬菜栽培技术调查组，对京郊蔬菜栽培技术进行了全面调查。这是国家第一次有组织、有计划地开展保护地栽培调查总结工作，堪称新中国保护地生产发展的开端，同时也带动地方政府开展了对本地保护地生产技术的总结和推广(北京市郊区蔬菜栽培技术调查组，1956)。

20 世纪60 年代末，我国的设施园艺始终徘徊在小规模、低水平、发展速度缓慢的状态。70年代初地膜覆盖技术引入我国，对保温、保墒起到了一定的作用。由于经济发展、生产需要和技术进步，80年代，相继出现了塑料大棚和温室。90年代开始，我国设施园艺逐步向规模化、集约化方向发展，技术水平有了大幅度提高。现代设施园艺已超越早先的瓜、菜、花卉等园艺作物的范畴，广泛地用于特种作物、水产养殖、畜禽饲养、林果生产等诸多农业领域(王晓卿，2003)。90年代中期开始，我国现代温室快速发展。至1998年共引进温室175.4hm^2。引进的国家有荷兰、法国、以色列、西班牙、美国、日本、韩国等，基本涵盖了现代温室发达的国家和地区；引进温室的主要类型包括单屋脊和双屋脊的大型连栋玻璃温室，拱圆形、锯齿形、双层充气和双层结构的塑料膜温室，以及聚碳酸酯板(PC)温室等，代表了现代温室的所有类型；引进温室的配套设备包括遮阳、通风、降温、加温、保温、自动控制和计算机管理，以及栽培床、活动苗床、喷滴灌、自走式采摘车、自动化穴盘育苗、水培设备等，也基本包括了所有先进的配套设备(张红萍等，2001)。

我国在"九五"、"十五"期间， 在科技部的领导和组织下，实施了"工厂化高效农业研究与示范" 项目， 我国农业工程科技人员利用引进的现代化温室设备及配套技术，通过消化、吸收与技术创新，进行了品种选育、设施栽培、配套设备及温室中温度、湿度和CO_2等环境因子综合调控技术的研究与攻关。一大批科技成果相继诞生，有效地促进了我国设施园艺的发展。国内先后出现了一批农业科技园区和设施种植企业，以及温室设备及配套材料生产厂家，有力地推动了我国温室制造业和设施种植业的发展，我国的设施蔬菜、花卉等产业取得了突飞猛进的发展。在消化吸收国外先进技术的基础上，我国还进行了具有自主知识产权的工厂化生产专用蔬菜品种的选育，初步建立了温室黄瓜、番茄栽培环境、生产、管理专家决策支持系统，并对上述品种的高效栽培模式进行了研究，对蔬菜工厂化育苗技术、花卉苗木工厂化栽培快繁技术、雄蜂授粉繁育技术等进行了开发，取得了可喜成果。同时针对食品安全问题， 进行了生物制剂、控释肥、蔬菜采后无公害处理、设施蔬菜有害残留快速检测技术的研究，初步建立了规范化、标准化的栽培技术体系，有效提高了我国主要园艺产品的市场竞争力。

硬件方面进行了系列现代化连栋温室的研究开发、辽沈型日光温室结构优化与改进、西北型单跨及双跨日光温室的开发以及大型现代连栋温室冬季保温与夏季降温配套工程技术、温室配套生产设施的研究，推出了13种优化棚室构型，15种综合利用和立体种植模式，黄瓜、番茄、辣椒、韭菜、芹菜等主要设施蔬菜栽培技术规范，以及嫁接育苗、设施环境调控为主的蔬菜病虫害综合防治等 9项新技术。此外在微雾蒸发降温、雾帘降温、集中雾化降温、覆盖材料、滴灌设备、热风补温系统的研制及相关试验，均取得了相应成果。如北京市农业机械研究所研发了具有我国特色的节能日光温室及适用于不同领域的新型系列温室、现代化温室环境智能控制系统等设施设备；国家农业信息技术研究中心进行了温室环境监控系统和决策支持系统的研究开发；北京农林科学院蔬菜研究中心开展了蔬菜品种选育与高效栽培技术研究；中国农业大学以及中国农科院蔬菜花卉研究所在环境控制与栽培技术等方面进行了卓有成效的研究。但在设施园艺生产关键技术方面还有许多问题值得进一步研究。目前，国内从事温室制造的企业已从20 世纪80年代的5~6 家发展到300 余家，中国农业科技示范园区已发展到4000多个，其中地市级以上的农业科技示范园已达500多个(科技部“十五”工厂化高效农业示范工程项目)。

1.2.2.2 我国设施园艺存在的问题及发展对策

(1) 我国设施园艺存在的问题

我国设施园艺的发展为丰富设施园艺产品，提高人民的生活水平，做出了巨大贡献。但与国外设施园艺发达国家相比，我国设施园艺产业整体发展水平还很低，归结起来主要有以下几方面：

① 区划体系不完善，缺乏系统布局

目前我国设施园艺的迅猛发展存在一定的盲目性，高科技示范园区遍及全国，但内容雷同。设施园艺有较强的地域性，必须因地制宜才有效果。而目前一些地区或单位，没有从当地的实际情况和气候特点出发，盲目模仿别人，不惜重金进口外国大型温室，甚至还有个别领导把园艺设施建设作为“形象工程”，“政绩工程”，只顾建设而没有明确的生产目的，效益很差。这些现代化温室冬季需要加温，夏季还需降温，耗能多、运行成本高，不适合中国国情，加之缺乏高素质的管理人才和“大锅饭”的管理体制，使得生产不但不能赢利，还严重亏损，体现不出高科技示范作用，挫伤了生产者的积极性，对今后设施园艺工程的发展带来负面影响。

目前，我国的设施园艺基本分成三种形式：第一种是现代化科技园区，多由政府投资兴办，一大二公，其中问题不言而喻；第二种是农民自己的设施产业，农民自主经营，靠市场调节，没有系统的生产、销售与服务机制；第三种是私人投资兴建的设施园区，经营方式具有一定的竞争力，但也遭受行业外部无序的软环境之苦，同样无法应付和处理设施园艺产业发展面临的设施材料、设备、生产项目和品种选择、市场信息调研、产品销售渠道开拓等一系列问题。从国家整体设施园艺行业来看，三种形式各行其是，条块分割，基本上处于一种盲目发展状态。此外，我国幅员辽阔，无论气候特点、经济特点、市场消费与需求特点都千差万别，设施园艺的发展既要考虑自然条件是否适宜，同时也要具备经济基础和技术人才。因此要以可持续发展为目标，全面规划设施园艺生产布局，开展设施园艺发展战略研究，主要开展设施园艺布局、区划、产业化模式及技术体系等方面研究。

② 设施结构简陋，缺乏综合配套设备

目前全国塑料小拱棚共有130.6万hm^2，几乎都是竹木结构；塑料大中棚139.4万hm^2，竹木骨架结构的占60%以上；日光温室和加温温室78.2万hm^2，竹木土墙架构的简易温室约占80%；大型园艺设施 219.33万hm^2，其中塑料棚室218.45万hm^2，占94.1%；玻璃温室0.887万hm^2，占16.3%(设施园艺发展对策研究课题组，2010)。多数设施结构类型简单，同时综合配套设施欠缺，抵御外力能力较差，设施安全生产得不到有利保障。2008年1月上中旬的南方雨雪天气，损毁大棚4万hm^2，设施损失约60亿元；2009年10月末11月上中旬的大范围雨雪天气，造成5.86万hm^2温室大棚损毁，设施损失300多亿元。这两场大面积雨雪灾害，特别是2009年的雨雪灾害，垮塌的大多是那些巨型棚室、修缮更新不及时的棚室和近年来新建的低劣棚室。因此促进设施结构改进和完善，已经迫在眉睫。

③ 机械化程度差，生产率较低

在多数发达国家，设施灌溉、施肥、采摘、运输基本实现自动化操作，而在国内生产作业仍以人力为主，特别是空间较小的设施类型，很难进行机械化操作，机械化程度低，劳动强度大，人均管理面积小，劳动生产率低，温室黄瓜、番茄产量通常只有10~30kg/m^2，而荷兰的温室蔬菜产量为黄瓜60~100kg/m^2、番茄50~70kg/m^2，差距明显(设施园艺发展对策研究课题组，2010)。

④ 环境控制能力差，普遍缺少环境调控设备

温、光、水、气等小气候要素调控能力差，特别是病虫害严重，由于棚室内夜温偏低、湿度大，设施环境调控设备和能力跟不上，致使霜霉病、灰霉病、叶霉病、早疫病、晚疫病、黄瓜细菌性角斑病等低温高湿病害在我国设施蔬菜生产上呈多发趋重态势。

⑤ 相关配套技术滞后，标准化建设落后

关键技术和基础性研究不够，配套工程设施方面的研究和开发不足，导致产业化水平低，标准化程度差，优质品比率、产品质量及产后加工技术与国外比有较大差距，同时在各项技术标准的制定方面较为落后，而设施园艺产业发达国家，在产品质量、检测技术和包装等方面制定了全面的标准。

尤其是在设施花卉方面，我国相对更加落后。荷兰通过健全质量监控机构制定严格质量标准，实行质量认证制度和产品质量信誉认可等措施来确保产品质量，通过荷兰植物保护局、NAKB（荷兰花卉检查署）、国家新品种鉴定中心等机构执行，是当今世界上花卉质量标准评价最为彻底的国家；其他国家如日本颁布了包括月季在内的13种切花的质量标准；英国颁布了涵盖了34类种球产品的质量分级标准；法国制定了关于百合等切花的质量等级标准；此外俄罗斯、菲律宾、以色列等国家也相继制定了部分花卉的国家标准。

(2) 解决办法和对策

根据我国国情，吸收国外成功经验，进行自主创新，形成我国独特的温室结构、规模、装备及生产技术体系势在必行：

① 确定温室重点发展区域，推动科学规划

我国幅员辽阔，无论气候特点、经济特点、市场消费与需求特点都千差万别，设施园艺的发展既要考虑自然条件是否适宜，同时也要具备经济基础和技术人才。我国的设施园艺规模虽然已达350万hm^2，但尚无权威性的全国发展区划。由于缺乏科学规划引导，发展方向不明确，政策扶持和投资引导重点不突出，致使各地发展设施园艺随意性大，设施功能和市场定位不准，设施类型、栽培作物、季节茬口雷同，区域比较优势得不到充分发挥。从大范围上考虑节能，同时支持重点区域的规模化发展和规范化建设，如渤海湾地区、河套地区、黄河中下游平原等光热资源好的地带，应以适度规模的温室为重点；江浙等多台风的南方地区，应以发展防雨栽培、大棚生产为主；对全国进行科学合理的区域划分，充分利用地域优势，开发地域特色设施园艺。

② 积极改进温室结构，做到因地制宜

以效益为目标，以节能为基础，积极推动标准化设施类型的研究和推广，立足国内现状，发挥地域优势，以充分利用太阳能的温室结构为主攻方向，开发不等屋面温室、不等高度的光能利用结构，开发新型结构的温室类型；扩大单栋规模，增加环境调控设备，是提高单位面积产量和生产效率的重要手段。以单栋面积在1500~3000m^{2}为宜，并适当提高温室高度，增加作物生长空间，既利于操作，又可缓冲环境要素的剧变；同时加强地域之间的差异性研究，制定全国设施区划，因地制宜，充分实现农业资源的合理配置。

③ 积极推动机械化，开发特色农机器具

目前我国温室结构主要以竹木、钢木和钢架为

主，其中竹木和钢木结构的温室约占70%~90%。这类结构的温室拱架跨度小、框架高度低、温室内支柱多、作业空间小，不利于机械作业。并且由于温室骨架承载能力差，致使自动卷帘机、覆盖物等温室配套机具无法配置使用。因此积极推动机械化操作，首先需要改进温室结构，同时需要实现规模化经营。在荷兰，一个从事温室生产的农户平均经营2~3hm^{2}以上的温室，而在我国一般一个农户平均经营温室面积仅为0.03hm^2。由于农户经营温室面积较少，多数农户不愿投资购买和使用机具，致使温室生产大部分作业采用非机械方式完成，因此温室生产规模化经营程度小亦是温室机械化生产的制约因素之一。

此外，要积极推动配套技术的研究和开发，以在技术上支撑设施园艺产业的机械化，如无土栽培技术、营养液调控技术、环境控制技术、二氧化碳施肥技术、基质消毒技术、机械化作业技术、嫁接技术、采后处理技术等，以及与此相匹配的基础设施、机械设备和工程材料，主要有框架结构、覆盖材料、通风系统、控温系统、空气循环系统、二氧化碳施肥系统、灌溉施肥系统、植保系统、人工补光系统、保温节能系统、计算机控制系统等。

④ 加强基础技术研究，提高环境调控能力

大力发展无土栽培，改善茬口安排，防止连作障碍，控制根际环境。过量施肥加剧设施园艺连作障碍的问题在我国普遍存在，一些重点设施园艺生产地区，土壤pH值已降至5以下，钙、镁、硫、硼等中微量元素缺乏引起的脐腐、顶腐、缩果、茎裂、花而不实等生理病害呈多发趋重态势；土壤盐分含量比露地菜田高数倍甚至10倍以上；据余海英等对某省主要设施栽培地区土壤盐分累积变化规律的调查研究，由于过量施肥，设施土壤连续种植4年左右，土壤的平均含盐量即达到1861.28mg/kg，EC值为0.53mS/cm，已超过茄果类蔬菜发生生育障碍的临界点(>0.5mS/cm)。而无土栽培由于所用的基质营养液或无基质营养液中完全具有、甚至超过土壤所供给的各种营养物质，因此更有利于各类作物生长发育。目前世界上已有100 多个国家将无土栽培技术用于温室生产(王晓卿，2003)。

⑤规范行业标准，加速标准化进程

在塑料大棚发展的早期，为规范装配式塑料大棚骨架的制造和安装，便于不同厂家之间零配件的通用与互换，由中国农业工程研究设计院(农业部规划设计研究院)主持制定了我国第一部设施农业的国家标准:GB4176-1984《农用塑料棚装配式钢管骨架》，于1984年颁布实施，并且一直沿用至今。2000年，国家标准重新整理，这一标准转化为农业行业标准，编号改为NY/T7-19。此后直到2002年，国家才颁布了第一部关于温室行业的标准——《日光温室使用技术条件》，编号为NY/T610-2002。此外，《温室建设标准》、《日光温室建设标准》、《温室地基基础设计、施工与验收规范》、《温室齿条开窗机》、《温室齿条拉幕机》、《日光温室效能评价技术规范》、《设施园艺工程专业名词术语标准》、《温室通风系统设计规范》和《温室透光覆盖材料无滴性测定方法与检验规则》等，还在起草或申报之中。相比温室主体结构及其设备，温室灌溉设备与技术方面可供借用或参考的标准相对比较完善。国家水利行业对标准的研究比较系统，其中很多微灌技术方面的标准，如SL103-1995《微灌工程技术规范》、SL/T67. 2-1994《微灌灌水器技术条件》、SL/T68-1994《微灌用筛网过滤器标准》等都可直接应用在温室设计上。根据国家气候区划和生产要求，提出温室标准化配套与定型设计。

在建筑结构工程、材料工程和节水、节能工程方面；在配套设施方面，包括育苗播种机械、耕作收获机械、灌溉施肥植保机械、传感执行机械、加温通风设备、预冷储藏设备、包装分级机械、运输机械、基质消毒设备等；在环境调控方面，包括加温、保温、降温、保湿、土壤处理、CO_2施肥方面等；在生产销售方面，包括种苗、采后保鲜、运输、储存、拍卖等一系列环节，积极推动标准化研究，以国家课题为中心，结合地方实际生产经验，开展一系列关键技术研究和课题攻关，全面实现标准化建设。

1.2.2.3 未来中国设施园艺的发展方向

我国设施园艺技术发展方向概括如下:

(1) 标准化

设施与设施园艺产品生产向标准化方向发展，2001年10月我国机械工业联合会首次发布了有关温室设施的机械行业标准6项，为规范我国温室产业迈出了可喜的第一步，其中包括日光温室结构、连栋温室结构、温室工程术语、湿帘降温装置、温室电气布线设计规范、温室加温系统设计规范。标准化将会成为设施园艺产业的主导发展方向，包括制订温室及配套设施的性能、结构、设计、安装、建设、使用标准；设施栽培工艺与生产技术规程标准；产品质量与监测技术标准等。

(2) 自动化

设施园艺与控制技术结合， 实现光、温、水、肥、气等因子的自动监控和作业机械的自动化控制。研究开发具有我国自主知识产权的用于环境调控的各种设备装置及探测头，真正实现自动化、机械化和智能化管理，达到使作物高产、高效、优质的目的。

(3) 现代化

对具有我国自主知识产权的高效节能型日光温室，加速其设施设备现代化，作业机械化、自动化和智能化的进程；进行植物工厂的研发，采用营养液栽培和自动化综合环境调控，实现高技术密集型自动化、现代化控制生产体系；加强设施配套技术与装备的研究开发，包括温室用新材料、小型农机具和温室传动机构、环境监测等关键配套产品，提高机械化作业水平和劳动生产率。

(4) 可持续化

研究开发温室冬季生产节能技术、增温保温技术、太阳光热资源利用技术；强化工厂化农业生态环保意识、无公害绿色食品生产意识，在设施生产中建立绿色产品生产技术保障体制；与生物技术结合，开发出抗逆性强、抗虫害、耐贮藏和高产的温室作物新品种，利用生物制剂、生物农药、生物肥料等专用生产资料，向精确农业方向发展，为社会提供更加丰富的无污染、安全、优质的绿色健康食品；加强采后加工处理技术的研究开发，包括采后清洗、分级、预冷、加工、包装、储藏、运输等过程的工艺技术及配套设施、装备等， 提高产品附加值和国际市场竞争力，从而实现设施园艺产业的可持续发展能力。

(5) 特色化

近年国外工厂化农业技术创新与发展呈现如下特点与趋向：荷兰、日本、以色列、韩国等非常重视温室运用品种选育，能为温室提供专用的耐低温、高温、寡照、高湿，具有多种抗性，优质高产的种苗。如荷兰境内有130个种苗专营公司，种质资源有强大优势，在脱毒、快繁等方面有很高的技术水平。荷兰是世界四大种子出口国之一，有4900个品种，1200hm^{2}生产面积，种子出口达100多个国家。日本、韩国、以色列的蔬菜种子在我国也有较大面积种植，均有良好的表现。因此随着国际形式的不断变化，开发具有自主知识产权的设施设备、设施产品，形成区域特色，参与国际分工细作，从而实现国家品牌战略。

我国幅员辽阔，气候区域丰富，每个气候区域温室的环境要求相差甚远，对温室材料的要求也各不相同，为达到运行的高效益，温室设备配置上也有较大出入。而且，同一气候带，由于种植品种的不同，对温室的要求也有较大差异。因此，不可能用同一种温室和环境条件去应对不同气候带上各种不同种植内容的要求。只有在提出全国温室的气候区域布局，再根据温室内种植品种的要求和建设单位的投资水平，才能因地制宜地合理确定温室的形式及其设备配置。

然而，工厂化高效农业示范工程是一个庞大的系统工程，涉及的技术领域较多，需要有计划、有步骤地研究解决，并逐步加以完善，不可能在短短5年就能实现总体目标。也就是说，尽管“九五”“工厂化高效农业示范工程”项目取得了一定的成就，“十五”期间国家重点科技攻关、“863”计划和国家自然科学基金又启动了一批相关项目，但工厂化高效农业项目无论是在工程的整体配套设施的完善程度上，还是在生产的稳定性、产业化程度和现代化水平上，都还只能算是工厂化农业的雏形，与发达国家的农业现代化相比，仍有相当距离，特别是温室生产环境自动控制系统、耐低温弱光温室长季节栽培专用品种、工厂化育苗技术规范和标准、温室生产技术规范和标准、温室生产专家管理系统、温室生产小型机械和覆盖材料等方面还相差甚远。尤其要强调的是不同地区由于自然条件、社会经济条件的不同，设施园艺区域发展的模式和相应的技术标准是不同的，而人们往往忽视了这一点。总而言之，截至目前我国设施园艺还远没有完全实现因地制宜并在可控环境下生产，因此，加强这一方面的技术创新和研究将是一项长期的任务。

可以预测在未来5~10年内，我国设施园艺将继续以节能和无害化优质生产技术创新为核心，将我国具有特色的日光温室众多技术成果科学组装，带动整个设施园艺产业的发展。同时要瞄准产品出口的总目标，重点围绕温室环境调控配套工程技术与设施，适于工厂化生产的农作物专用品种，工厂化农作物高效节能现代育苗技术体系及专家管理系统，土壤盐渍化障碍及主要作物生理障碍的发生机理及防止技术，园艺作物高效节能和无害化生产关键技术组装及专家系统建立与示范等技术体系加以创新；提高设施环境控制水平、工厂化育苗技术水平、种植工艺水平、产后处理技术水平。主要研究重点有如下方面：园艺设施与环境研究；设施内专用园艺作物品种研究；设施园艺作物栽培基础研究，主要开展园艺设施内土壤营养运移规律及作物吸肥规律，设施园艺作物生理障碍发生机制，光合产物运转、代谢及分配规律，生长发育规律及生长模型，幼苗产后运输过程中生理变化规律，诱导抗病机理、逆境生理等方面研究；设施园艺作物生产技术体系研究，主要开展设施园艺作物种植模式，工厂化节能育苗及幼苗运输技术体系，生理障碍综合防止技术，有机肥配方研制及施肥技术，节水生产技术，节能生产技术，高产、优质、无公害生产技术体系，生长发育调控物质及调控技术，栽培专家管理系统，综合防治病虫害技术体系等方面研究；设施园艺产品采后保鲜技术研究，主要开展设施园艺作物采后生理、采后处理及贮藏保鲜技术，园艺产品质量监测、化学农药残留检测技术，以及园艺产品标准制定等方面研究。

1.3 研究的目的和意义

设施园艺的发展，改变了农业生产的传统方式，摆脱了传统农业受自然环境的束缚，改变了园艺作物生产季节特征和抗逆能力，从而使园艺作物生产的遗传潜力得以超常规地发挥，大大提高了土地利用率、资源产出率、劳动生产率和产品商品率，对改善农村生态环境，加速传统农业向现代农业的转变，实现农业的高效、持续发展，培育农村经济发展新的增长点，无疑具有重要的战略意义。建设现代农业，推进农业产业化与现代化，调整农业结构，提高农产品竞争力，提高农业生产效率和效益，改善农民生产条件，增加农民收入。此外，高投入和高产出的生产方式，带动了其他产业(建材、钢铁、塑料薄膜、肥料、农药、种苗、架材、环境控制设备、小型农业机械、保温材料等行业)的快速发展，促进城镇化进程和农村劳动力转移，全面实现小康社会建设目标，都对设施园艺的发展提出了更加迫切的要求。

通过详细分析各地区设施园艺产业的发展现状和设施发展的有利条件，因地制宜，提出科学、有效的产业发展途径，对于推动设施园艺的产业发展具有极大的指导意义。

1.4 研究内容

本书重点研究地区包括华南地区、华东地区、华北地区、西北地区和西南地区。主要内容包括：

(1) 设施园艺产业发展的环境条件

主要包括设施园艺发展区域所处的自然条件：光热资源、自然灾害、气候特点、土地资源、交通条件；社会经济条件：区位特点、消费特点等。

(2) 设施园艺产业设施类型

主要内容包括：全国设施园艺产业重点发展区域的设施类型，主要包括日光温室、现代化连栋温室、塑料大棚等设施类型，以及设施类型的分类、结构参数、基本性能和适用范围。

(3) 不同区域设施园艺产业发展现状

不同地区设施园艺作物种类，包括果树、蔬菜、花卉的基本发展现状，种植面积、分布区域、产品结构、特色产业等。

(4) 不同区域设施园艺发展模式的研究

通过对区域设施园艺发展特点的分析，求同存异，以全国为背景，提出了设施园艺产业的区域发展规划，并对区域发展模式进行了探讨。

(5) 设施园艺产业技术标准研究

在区域不同发展模式下，初步探索了技术标准的拟定，研究了技术标准的分类、现已制定的技术标准，包括蔬菜、花卉、果树三方面的内容，特别是花卉方面，进行了重点探讨，并在综合研究的基础上，制定了2套生产技术规范。

1.5 技术路线

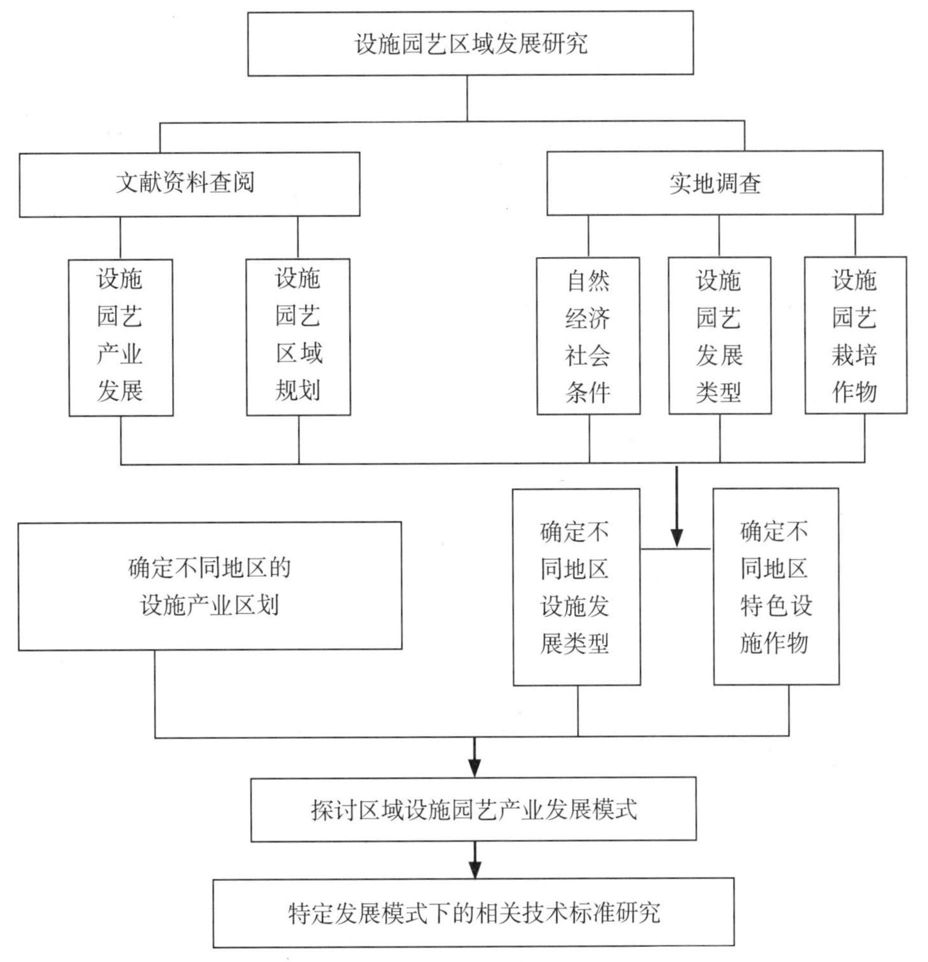

2 我国设施园艺设施类型数据库的构建

2.1 研究方法

本部分主要采取实地调查研究的方法，在整体分类的基础上，局部详细分析，选取具有地方特色的设施类型，分析其结构参数、基本性能、适用范围等方面的内容。

对设施园艺发展的设施类型，本书采用了不同的分类方法，以建筑结构来分，分为塑料大棚、日光温室和现代化连栋温室(PC板温室)。其中塑料大棚以建筑骨架分为6类，日光温室以建筑结构分为4个不同发展类型共16类，现代化温室以地区来分，划分为3个不同类型。

2.2 研究内容

本部分重点研究了以广东为核心的华南地区；以上海、山东为核心的华东地区；以北京为核心的华北地区；以陕西为核心的西北地区；以云南为核心的西南地区的主要设施类型。包括日光温室、现代化连栋温室、塑料大棚等，以及设施类型的分类、结构参数、基本性能和适用范围。

表2–1 调查地点统计

省、市	地级市、县
山东	潍坊市(寿光、青州)、烟台市、青岛市、济南市等
江苏	南京市、苏州市、无锡市、徐州市、常州市、连云港市等
陕西	西安市、宝鸡市、兴平市、咸阳市、汉中市、渭南市、商洛市等
甘肃	武威市、平凉市、白银市、兰州市、临夏市、天水市、定西地区等
云南	昆明市、玉溪市、丽江市、大理白族自治州等
广东	韶关市、深圳市、广州市、东莞市、清远市、惠州市
北京	海淀区、昌平区、顺义区、丰台区、房山区、通州区、门头沟区、密云县等
上海	崇明县、南汇区、徐汇区、闵行区、浦东新区、松江区

塑料大棚和日光温室是我国主要的设施类型，在调查的几个区域中，北京地区，塑料大棚约占全部设施面积的42.91%；甘肃地区，塑料大棚占48.28%，日光温室约占35.94%；陕西地区，以设施花卉为例，塑料大棚约占29.82%，日光温室约占50.89%；云南地区，基本全部为塑料大棚。因此本书重点调查研究塑料大棚和日光温室，并涵盖了部分现代化温室类型。

2.3 塑料大棚温室

2.3.1 我国塑料大棚的类型

我国塑料大棚类型较多，其分类形式有以下3种：

(1) 按棚顶形式

可分为拱圆型和屋脊型两种。拱圆型大棚对建造材料要求较低，具有较强的抗风和承载能力；而屋脊型对建造材料的抗荷载能力要求较高。

(2) 按连接方式

可分为单栋大棚和连栋大棚两种。单栋大棚是以竹木、钢材、混凝土构件及薄壁钢管等材料构成，棚向以南北延长者居多。其特点是采光性好，但保温性较差；连栋大棚是由2栋或2栋以上单栋大棚连接而成，其优点是棚体较大，保温性能好，便于机械化作业，同时也存在空间大，内环境较难调控的缺点。

(3) 按骨架类型

可以分为竹木结构大棚、水泥立柱结构塑料大棚、竹木水泥柱结构大棚、钢筋焊接结构、装配式镀锌钢管结构大棚等。

本书采用第三种分类方法，以骨架类型进行分类研究，调查、汇总、整理了具有地方特色的塑料大棚类型，并研究了其性能和分布范围。

图2-1A 云南斗南拱圆型塑料大棚

图2-1B 江苏连云港屋脊型塑料大棚

图2-2A 云南斗南单栋塑料大棚

图2-2B 甘肃临洮市连栋塑料大棚

图2-3A 云南斗南竹木结构塑料大棚

图2-3B 陕西水泥结构塑料大棚

图2-3C 山东烟台水泥竹木结构塑料大棚

图2-3D 甘肃临洮装配式钢管塑料大棚

2.3.1.1 简易竹木结构大棚

简易竹木结构大棚，是由毛竹加上薄膜，用草帘等覆盖物保温的类型。

结构参数：一般大棚宽5~8m，顶高2.0~3.2m，侧高1.0~1.2m，长50~100m，拱杆直径3~6cm，拱杆间距1.0~1.1m，每杆由6根立柱支撑，立柱为木杆或水泥预制柱。

设施性能：实践证明简易竹木结构塑料大棚取材方便，造价低，建造容易；用于春、秋、冬长季节栽培，主要种植果类蔬菜。但棚内柱子多，遮光率高，作业不方便，使用寿命短，且受竹木强度的限制，大棚不宜太宽、太高，否则牢度较差，抗风、雪载性能差，使用过程中容易受大风、积雪危害。

应用范围：在设施发展的最初阶段，竹木结构塑料大棚分布较广，全国各地均有分布，但使用具有很强的季节性，生产力水平较低，难以形成规模化、机械化，现在主要应用于部分露地草花的小苗炼苗、抗逆性较强的果菜栽培等方面。

2.3.1.2 秫秸架式结构塑料大棚

秦皇岛市昌黎县的农民于20世纪80年代末期创建了一种简易的塑料大棚，用材简单、建造容易、投资少、见效快，深受农民的欢迎。有关研究人员经过3 年的调查研究进一步完善大棚结构，使之更加合理，并将此大棚命名为秫秸架式结构塑料大棚。秫秸架式结构塑料大棚的建造要点是每畦两行秫秸，行距40cm，每行内相邻两根间距40cm，每畦每行插12 根。每畦内两行相邻近的4 根秫秸用稻草捆绑成一个四脚架，每畦捆成6 座架，捆绑的高度由棚外侧向里侧依次为120cm、160cm、180cm、190cm、195cm、200cm。大棚牢固性优于竹木结构大棚，其抗风雪能力完全能达到生产要求，大棚内秸秆很多，适合栽培黄瓜、番茄、架豆等搭架蔬菜，省去了搭架工序。用材简单，秫秸大棚骨架主要建材是高粱秆，资源充足，取材方便。

2.3.1.3 水泥结构塑料大棚

水泥结构塑料大棚采用弯曲的浇铸水泥拱架构成，每一个拱架由两块水泥预制件在棚中间对接而成。水泥大棚的宽度一般为6m，高度为2.5~3.5m，拱间距为1m，长30~50m。水泥大棚的拱架为钢筋水泥预制件，2根底筋的直径为8mm，顶筋直径为6mm，也可用4根6mm的钢筋。箍筋为4mm冷拔丝。混凝土可选用500#水泥，每立方米混凝土用水泥360kg，水172kg，粗沙545kg，石子1400kg。

水泥结构塑料大棚具有结构简单，强度高，无需支柱， 抗风、抗压能力强，使用寿命长(大于20年)，兼容性强，价格低廉的特点，但同时周年固定，水泥大棚遮光比钢架大棚多，对蔬菜生长有一定的影响，应用并不广泛。

2.3.1.4 钢管塑料大棚

钢管大棚结构稳定，抗风雪能力强，环境调控能力优良，现在已经成为全国各地设施的主要类型之一。一般有单栋钢管大棚和连栋钢管大棚。单栋钢管大棚必须选择既能牢固防锈，又能抗风雪的钢管。其中应用最广泛的为镀锌钢管装配式塑料大棚。镀锌钢管装配式塑料大棚最先于1982 年由中国农业工程研究设计院设计定型，属于国家定型产品，规格统一，安装简便易行，目前共有 20 多种不同规格的系列产品。使用较多的是我国农业工程研究设计院设计的 GP系列大棚；我国农业科学院石家庄农业现代化所设计的 PGP 系列大棚；上海农业机械化研究所设计的 P 系列大棚。

钢管大棚的基本结构参数为：跨度一般为6~8m，矢高2.5~3.0m，长30~50m，通风口高度1.2~1.5m。用管壁厚1.2~1.5mm 的薄壁钢管制成拱杆、立杆、拉杆，钢管间距0.6~1.0m，内外热浸镀锌以延长使用寿命。

(1) GP系列镀锌钢管装配式大棚

该系列由中国农业工程研究设计院研制成功，并在全国各地推广应用。骨架采用内外壁热浸镀锌钢管制造，抗腐蚀能力强；拱架以1.25mm薄壁镀锌钢管制成，纵向拉杆也采用薄壁镀锌钢管，用卡具与拱架连接；薄膜采用卡槽及蛇形钢丝弹簧固定，还可外加压膜线，作辅助固定薄膜之用；该棚两侧还附有手摇式卷膜器。

GP系列的结构参数：管径 × 壁厚为25mm × 1.2mm ；跨度4~12m；肩高1.0~1.5m；脊高2.5~3.0m ；长度30~60m；性能指标：承载风压31~35kg/m^2；承载雪压23~25kg/m^2；承载作物吊重15kg/m^2；耐久年限15年以上。

表2–2 主要P系列、GP系列钢管大棚类型结构参数

型号	结构尺寸(m)					结构特点
	长度	宽度	高度	肩高	拱架间距	
P 422C	20.0	4.0	2.1	1.4	0.65	钢管外径 × 壁厚为22mm × 1.2mm
P622C	30.0	6.0	2.5	1.4	0.50	钢管外径 × 壁厚为22mm × 1.2mm
GP–Y8–1	42.0	8.0	3.0	0	0.50	单栱，5道纵梁，2道纵卡槽
GP–Y825	42.0	8.0	3.0	0	0.50	钢管外直径 × 壁厚为25mm × 1.2mm
GP–Y8.525	39.0	8.5	3.0	1.0	1.00	单栱，5道纵梁，2道纵卡槽
GP–C1025–S	66.0	10.0	3.0	1.0	1.00	双栱，上圆下方，7道纵梁
GP–C1225–S	55.0	12.0	3.0	1.0	1.00	双栱，上圆下方，7道纵梁
GP–C625–Ⅱ	30.0	6.0	2.5	1.2	0.65	单栱，3道纵梁，2道纵卡槽
GP–C825–Ⅱ	42.0	8.0	3.0	1.0	0.50	单栱，5道纵梁，2道纵卡槽
GP–C425	20.0	4.0	2.1	1.2	0.65	钢管外径 × 壁厚为25mm × 1.2mm
GP–C525	32.5	5.0	2.2	1.0	0.65	钢管外径 × 壁厚为25mm × 1.2mm

（续）

型号	结构尺寸(m)					结构特点
	长度	宽度	高度	肩高	拱架间距	
GP－C625	30.0	6.0	2.5	1.2	0.65	钢管外径×壁厚为25mm×1.2mm
GP－C622C	30.0	6.0	2.5	1.4	0.50	钢管外径×壁厚为25mm×1.2mm
GP－C622CA	30.0	6.0	2.8	1.7	0.50	钢管外径×壁厚为22mm×1.2mm

注：部分数据来源于邱中华：《现代设施农业技术》2008。

(2) PGP系列镀锌钢管装配式大棚

其性能特点是：结构强度高，设计风荷载为37.5～56kg/m^2，棚面呈拱形，矢跨比为1/4.6～1/5.5，因此，棚面坡度大，不易积雪。PGP系列大棚用钢量少，每公顷地只有30.0~31.5吨。比一般钢筋大棚耗钢量少1.5~2.5吨。防锈性好，钢管骨架及全部金属零件均采用热浸镀锌处理，拱管落地部分用热收缩聚氯乙烯薄膜套管保护，可避免土壤中酸、碱、盐对管架的腐蚀。薄膜用塑料压膜线和Ω型塑料卡及压膜扣3种方式固定，牢固可靠。装拆省工方便，易于迁移，可避免连作危害。附有侧部卷膜换气天窗和保温幕双层覆盖保温装置，便于进行通风、换气、去湿、降温和保温等环境调节管理。

(3) 装配式连栋塑料大棚

目前随着规模化、产业化经营的发展，有些地区，特别是南方一些地区，原有的单栋大棚向连栋大棚发展。就结构和外形尺寸来说，钢管连栋大棚把几个单体棚和天沟连在一起，然后整体架高(表2–3)。主体一般采用热浸镀锌型钢做主体承重力结构，能抵抗8~10 级大风，屋面用钢管组合桁架或独立钢管件。连栋塑料大棚质量轻、结构构件遮光率小，土地利用率达90%以上，适合种植经济效益好的高档瓜果蔬菜和花卉。

表2–3 主要连栋温室结构参数

型号	结构尺寸(m)					结构特点
	长度	跨度	高度	肩高	拱架间距	
GLP–832	< 36	8	4.2	2.4	3.0	骨架钢管采用热浸镀锌工艺
GLP–622	< 30	6	2.2	2.2	3.0	造价低，适宜大面积投入使用
GLW–6	30	6	4.0	2.5	3.0	框架由镀锌矩型管和圆管组成
GSW7430	28	7	5.0	3.0	4.0	框架立柱采用热镀锌矩形钢管
联合6 型	30	6	2.5	1.6	0.6	进口镀锌板冲压加工

注：数据部分来源于江苏省盐城市农林局信息中心，2005。

(4) 装配式涂塑钢管塑料大棚

针对镀锌钢管装配式塑料大棚的造价昂贵，钢筋焊接结构、钢筋混凝土结构及无碱玻纤钢筋混凝土结构等在运输、安装及日常维护、使用等方面的缺陷，装配式涂塑钢管塑料大棚采用化学性质稳定，耐田间水气及农药、化肥等化学品腐蚀的优质塑料涂层。涂塑棚的结构尺寸为：跨度6m，8m，10m；脊高分别为2.8m，3.0m；肩高1.2m；管径分别为32mm和36mm，涂塑层厚2mm；抗风压31kg/m^2，抗雪载20~24kg/m^2。涂塑钢管大棚为单拱卡接装配式结构，顶部插管，铆钉对接，拱架与纵向拉杆卡接，两侧可安装卡槽。与装配式热镀锌钢管骨架相比，具有联接牢固，通风良好，操作空间适宜，强度相当，价格低廉和耐腐蚀的特点，可替代竹木结构进行瓜果、蔬菜生产。

2.3.1.5 钢竹混合结构塑料大棚

钢竹混合结构大棚以毛竹为主，钢材为辅。其建造特点是将毛竹经特殊的蒸煮、烘烤、脱水、防腐、防蛀等一系列工艺精制处理后，使之坚韧度等性能达到与钢质相当的程度，作为大棚框架主体架构材料；对大棚内部的接合点、弯曲处则采用全钢片和钢钉联接铆合，由此将钢材的牢固、坚韧与竹质的柔韧、价廉等优点互补结合。经过实地应用证明，此种大棚设计可靠，抗风载、抗雪载、采光率及保温等性能均可与全钢架、塑钢架大棚相媲美，具有承重力强、牢固和使用寿命长(8~10年)的优点。由于竹片(板)代替大部分钢管成为大棚主体构筑材料，提高了肩高，舒展了大棚空间，两侧土地能够被充分利用，且便于小型除草机、喷灌机在棚内操作；同时，还可明显降低大棚的成本，符合发展高效节能农业的要求。

2.3.1.6 特殊类型塑料大棚

(1) 分段压撑式塑料大棚

分段压撑式塑料大棚是根据力学原理设计的，特点是跨度大，面积大，宽度可达10~15m，长度可达200~300m；大棚以全日光设计，无墙体、材料普通、外形壮观整齐、抗风能力强、结构牢固不变形；棚内通风好、无遮阳、采光好、升温快、内无立柱、便于操作和机械化作业。分段压撑式大棚适宜于蔬菜、花卉等种植业，克服了大量的钢材、镀锌钢管等昂贵的造价及传统的竹木拱杆规模小的问题。

(2) 塑料双大棚

为提高棚内温度，塑料大棚多采用棚内套小棚、小棚加草帘再铺地膜的多重覆盖方法，但是棚内操作比较烦琐。近年来，一种新型的名为“塑料双大棚”的蔬菜设施栽培棚型在我国南方地区悄然兴起。 美国目前在蔬菜设施栽培中广泛应用的一种“双层充气膜温室”，与我国的塑料双大棚在结构上、保温原理上皆有相似之处。塑料双大棚是在普通塑料大棚内，紧贴着棚架再搭一座简易的，由竹木和铁丝构成的棚架，棚架上再覆盖一层塑料薄膜。这样“外大棚”和“内大棚”重叠，内外两层塑料薄膜覆盖，可显著提高大棚的保温性。据测定，双大棚结构冬季可比普通大棚提高温度3~8℃。这种双大棚结构不但提高了保温性，而且方便了棚内的操作(王军等，2005)。

2.3.2 塑料大棚的性能分析

不同结构的塑料大棚在保温、透光性能上有较大区别，因此本部分以普通的塑料薄膜大棚为例。塑料大棚能充分利用太阳能，主要是起到春提早、秋延后的保温栽培作用，一般春季可提早30~50d，秋季能延后20~25d，不能进行越冬栽培。塑料大棚有多重利用形式，在南方地区可更换成遮阳棚，用于夏秋季节的遮荫降温和防雨、防风、防雹等设施栽培。塑料大棚一般室内不加温，靠温室效应积聚热量，其最低温度一般比室外高1~2℃，平均温度高3~10℃ 以上(周长吉，2000)。在北京地区使用可延长露地生产时间1个月以上，11月底至次年2月初室内平均温度多在0℃以下，基本不能生产。室外最低温度在0℃左右的南方地区，种植叶菜可安全越冬。在透光率上，塑料大棚透光率一般在60%~75%，塑料薄膜特性和骨架阴影率对大棚的透光率有较大的影响。

2.4 日光温室

2.4.1 日光温室概述

我国日光温室发展历史大致可以分为4个阶段：萌芽期、发展期、全面发展期和现代化发展期。

2.4.1.1 萌芽期

日光温室萌芽期可以追溯到20世纪初，辽宁省海城市感王镇和瓦房店市复州城镇开始利用日光温室生产冬春鲜蔬菜。此时的日光温室为土木玻璃结构温室，山墙和后墙骨架为土和草泥结构，前屋面为玻璃，用纸被、草苫保温(李天来，2005)。

2.4.1.2 发展期

日光温室规模发展期自20世纪80年代初期至末期。这一时期从辽宁省海城市感王镇和瓦房店市复州城镇的农家庭院开始，逐渐发展到大田。这一时期吴国兴和亢树华等也就日光温室结构和蔬菜生产技术进行了许多探索，由亢树华设计的鞍Ⅱ型日光温室问世并开始推广。典型结构有海城感王式、瓦房店琴弦式和鞍Ⅱ型日光温室。此时的日光温室结构主要采用竹木结构，拱圆形或一坡一立式。前屋面覆盖材料开始由玻璃改为塑料薄膜，其中海城感王式和鞍Ⅱ型日光温室被称为第一代普通型日光温室。到20世纪80年代末期，全国已推广第一代普通型日光温室2万hm^2左右。

2.4.1.3 全面发展期

日光温室全面提升与发展期起始于20世纪90年代初期，直到21世纪初期。农业部设立了“日光温室结构性能优化及高产栽培技术”重点科技攻关课题，中国农业工程研究设计院潘锦泉、周长吉；沈阳农业大学张振武、李天来；中国农业大学张福墁、陈端生；江苏省农科院沈善铜；中国农科院气象研究所吴毅明等共同完成了该项目。项目推出了第一代节能型日光温室及其环境优化控制技术，以及日光温室番茄、黄瓜、辣椒高产高效配套生产技术体系，为日光温室蔬菜生产技术的提升及第二代节能型日光温室蔬菜配套生产技术体系的建立奠定了基础。此后“九五”期间，国家实施了重大科技产业化项目——“工厂化高效农业示范工程项目”，在规划的6个分项中，辽宁分项以日光温室为核心开展工厂化高效农业的示范。这一期间在沈阳农业大学主持下自行设计建造了第二代节能型日光温室——辽沈Ⅰ型日光温室，此项成果推广至全国。

这一时期大面积推广了以瓦房店琴弦式和鞍Ⅱ型日光温室为代表的第一代节能型日光温室，后期大面积推广了以辽沈Ⅰ型为代表的第二代节能型日光温室。这一时期全国推广面积达到50万hm^2。其中日光温室发源地辽宁约10万hm^2。

2.4.1.4 现代化发展期

日光温室现代化发展期起始于21世纪初，预计这一时期需要15~20年完成。“十五”期间国家继续实施了“工厂化高效农业科技攻关”课题和“可控环境农业生产技术”计划专题。其中沈阳农业大学、山东农业大学和西北农林科技大学主持了有关日光温室方面的研究，对日光温室高效节能生产关键技术、可控环境下主要园艺作物全季节无公害生产技术、园艺作物生育障碍防止技术进行了科技创新与攻关。目前已研制出第三代节能型日光温室——辽沈Ⅳ型日光温室。

目前我国生产上应用的日光温室类型多样，即普通日光温室、第一代节能型日光温室、第二代节能型日光、第三代节能型日光温室同时存在。其中仍以竹木结构普通型日光温室居多。据统计，第一代和第二代节能型日光温室大约占35%~40%，第三代节能型日光温室甚少，不加温温室类型占总量的95%以上(李天来，2005)。第二代和第三代节能型日光温室的保温、加温、放风、灌溉、CO_2施肥等环境调控设施设备不断完善；热风加温系统、电动卷帘保温系统、放风系统、滴灌系统等开始广泛应用。据统计，2008年我国设施园艺总面积为350万hm^2，其中设施蔬菜种植面积为584万hm^2，比2000年增长78%。总体来讲，大中棚141万hm^2，小棚123万hm^2，节能日光温室33.5万hm^2(陈伟旭等，2010)。

2.4.2 日光温室的结构类型

2.4.2.1 西北地区

2.4.2.1.1 琴弦式日光温室

各个地区早期一代日光温室(20世纪80年代中后期)，大部分都是琴弦式日光温室，其特点是温室脊高3m以下，前屋面为一坡/一立式，拱架一般为竹木结构，立柱为水泥预制柱，分为二立柱、三立柱和四立柱日光温室。

温室结构参数：跨度6.5~8.2m；脊高2.8~3.2m；后墙内高1.7~2.5m；立柱2~4；后屋面角16°；底角80°；前屋面角15°。

性能分析：琴弦式日光温室是我国较早的自主开发的设施类型，为早期一代日光温室，存在一定的弊端。如结构较复杂，占地用土多，一次性投资大，棚内湿度高，遇连阴天病害增多，单位面积利用率低，春季降温效果差(周东宝，1995)，现在已经基本退出了历史舞台。

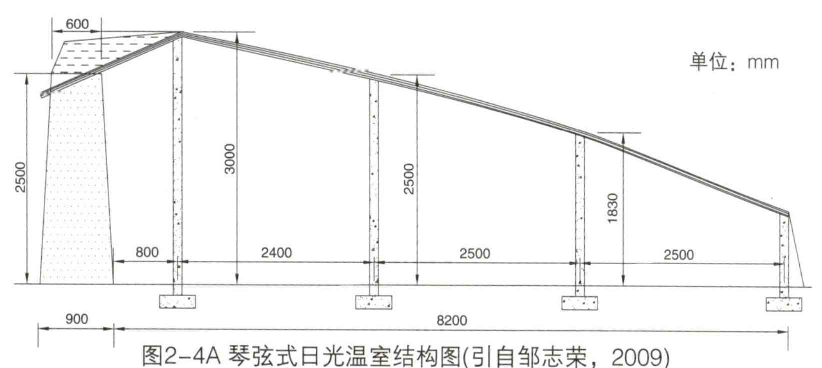

图2-4A 琴弦式日光温室结构图(引自邹志荣，2009)

图2-4B 琴弦式日光温室

2.4.2.1.2 圆弧型日光温室

特点：前拱架形状为圆弧加直线复合而成，温室脊高多在3m以上，跨度大，操作空间开阔，室内结构为单立柱支撑，一般为水泥立柱，间有少量钢架立柱；温室结构以钢架为主体结合竹木，现有白银A型、白银B型、新疆二代日光温室。温室结构参数：跨度8m；脊高3.8m；后屋墙的底部厚度1.2m；后墙上端厚度1.0m；女儿墙0.6m。

(1) 白银型

白银型圆弧型日光温室又分为两类，分别为白银A型，跨度7m，脊高3.1m；白银B型，跨度8m，脊高3.8m。

单位：mm

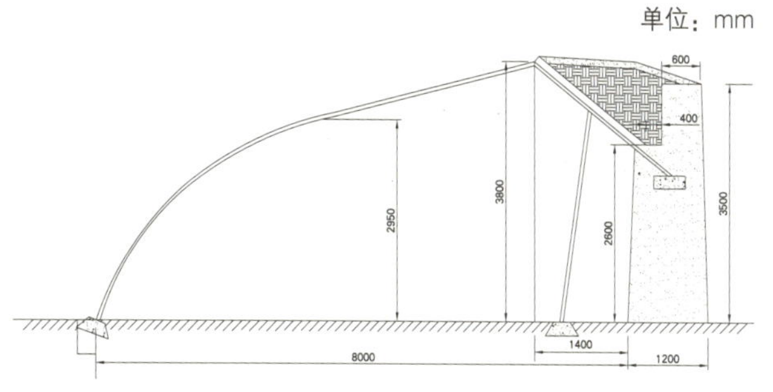

图2-5A 白银GJW-Ⅱ-B型日光温室结构图(引自邹志荣，2009)

图2-5B 白银GJW-Ⅱ-B型日光温室

(2) 新疆二代日光温室

结构参数：跨度6.5m；脊高2.8m；墙体底端厚度2m；墙体上端厚度1.5m；墙体内高2m；外高2.6m；后屋面角40°；底角55°；前屋面角28°。

圆弧型日光温室性能分析：与琴弦式日光温室相比，圆弧型日光温室在保温、透光、抗逆性等方面有了较大提高。

单位：mm

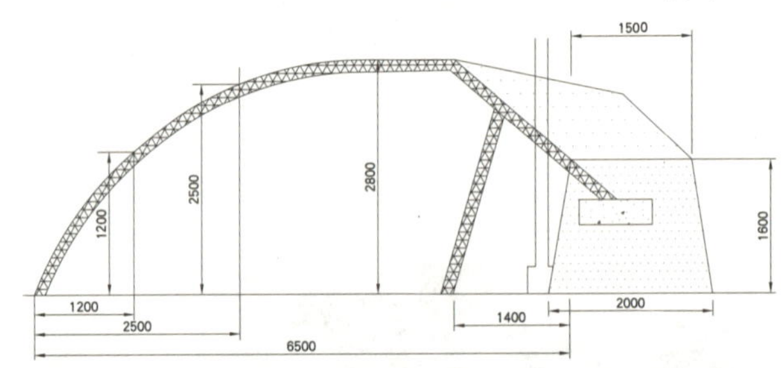

图2-6 新疆二代日光温室结构图(引自邹志荣，2009)

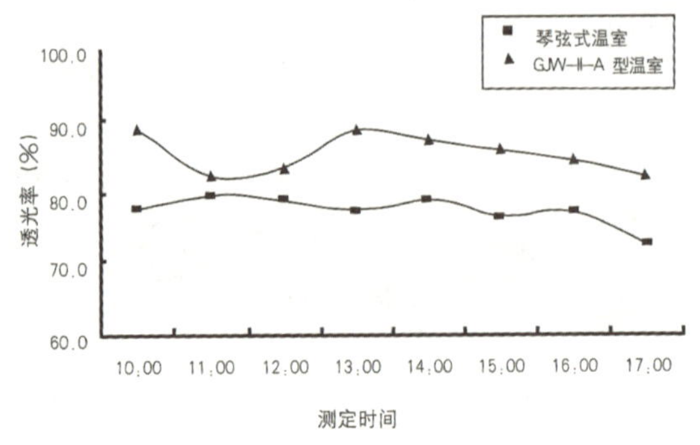

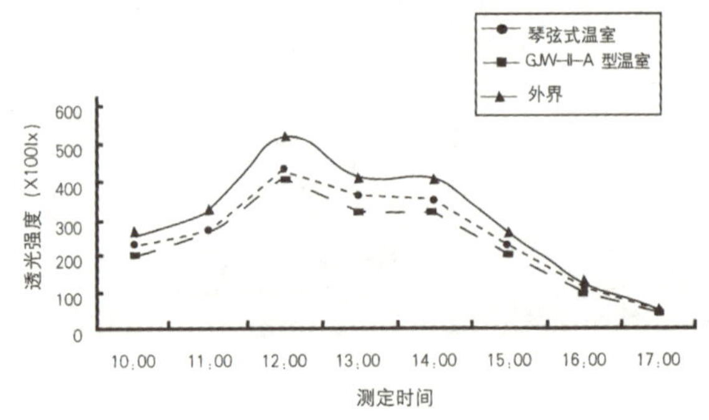

图2-7 琴弦式日光温室和GJW-II-A冬至日透光率和日光强度日变化(沈渭明，2007)

以白银A型与琴弦式日光温室的透光率为例，据相关实验表明，GJW-II-A型温室平均透光率在前部(高度0.8m，距温室前沿为1.0m)、中部(高度0.8m，距温室前沿为3.5m)、后部(高度0.8m，距温室前沿为5.5m)分别为86.7、85.4、76.4，分别比琴弦式温室高8.8、8.1、8.9百分点，均高出%以上。同时在室内光照强度方面也有了很大的提高，西北地区下午琴弦式日光温室内部光照强度为4000lx，而GJW-II-A型日光温室内光照强度依然维持在4200lx。

2.4.2.1.3 拱圆型日光温室

90年代中后期开始推广拱圆型日光温室，总体参数：跨度6.5~9.0m，高度2.8~3.8m，后墙的内高在2.0~2.4m，大部分是2.2m，外高为3.1m左右。主要类型：西北型日光温室，银川二代日光温室，新疆新型高效节能日光温室。

图2-8 西安阎良县拱圆型日光温室

(1) 西北型日光温室

西北型日光温室推广的面积最大，可分为3类：XB-G1型结构参数如下图， XB-G2为一种半地下节能日光温室，后墙高1.5m，其他规格和XB-G1大致相同；XB-G3为一种大高跨温室，脊高5m，跨度12~16m。

单位：mm

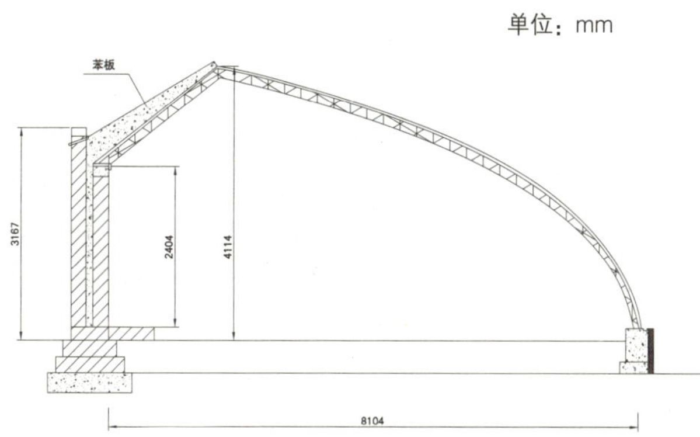

图2-9 西北型日光温室结构图(引自邹志荣，2009)

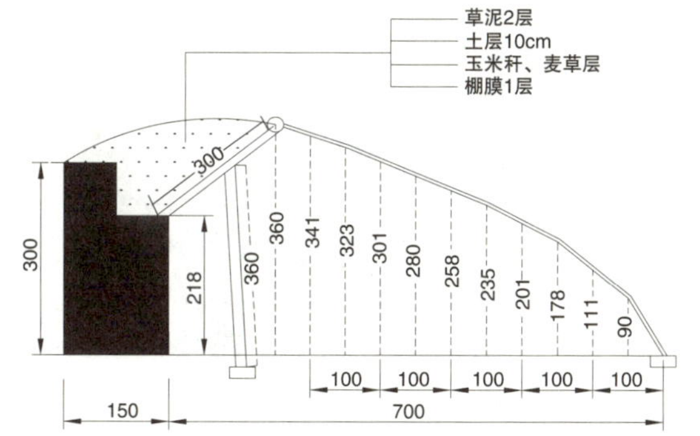

图2-10 XB-G1型日光温室结构图（引自邱仲华，2009）

西北型温室基本结构参数：跨度8m；脊高3.9m；异质复合墙厚0.6m；土墙厚度1.2~1.5m；墙体内高2.4m；外高2.7m；后屋面角38°；底角70°；前屋面角29°。

① XB-G1型：为一种小跨度温室，跨度大约为7m左右，是西北地区早期温室的主要类型，后墙厚度较大，温室脊高3.6m，后屋面分4层覆盖，现在应用较少，目前已经开发出XB-G1集水型温室，其性能更加优良。

② XB-G2型：半地下式日光温室。为了充分利用荒漠地区的有效资源，克服不利因素，2004~2005年，在张掖地区山丹县东乐乡北部荒漠地区开展了半地下式日光温室的研究与推广。半地下式温室深度一般为1.0~1.2m，前后宽15m左右，左右宽多为50m左右。温室应坐北向南偏西5~8°，最大不超过10°；温室骨架选用直径0.05m的钢管，管壁厚3mm，立柱与骨架同规格可用钢管或木檩，长2.6m，木檩小头直径不小于0.15m。后屋面用冷拔丝、竹箔、麦草、玉米秆等；墙底部宽1.6m，顶宽1.3m，女儿墙为0.8m；前屋面采用拱圆型，骨架为钢筋框架结构，上弦直径2.4cm，下弦直径为1.4cm。骨架间距0.7m，前屋面后屋面檩条上每隔0.2m拉一根8号铁丝，铁丝与檩条用12号铁丝固定，每1.8m放一根檩条，后屋面角度为38°。

此外还出现了特殊的8m跨度的竹木拱架机制土墙半地下室日光温室，其结构参数为：方位角正南或偏西10°以内均可，以南偏西5°最佳；排间距24m；长度100m；跨度为 8.0m，墙高 3.5m，矢高 4.6m，墙体上部厚度 2.5m 以上；主墙建造底宽 4.5m，上宽 2.5m；侧墙底座宽 3m，上宽 1.5m 以上；采用竹竿做拱架，沿长度每隔 3.0m 设一排立柱，一般按宽度设 5 排立柱，4 排立柱间距都为 3m；温室后坡长 1.5~2.0m(天雨，2009)。

③ 西北型XB-G3型：为一种大高跨温室。脊高5m，跨度12～16m。其空间更大，但成本相对较高，在经济条件允许的地方可大规模发展。

④ 西北型XB-G1集水型：甘肃省节能日光温室蔬菜生产大多只能在灌溉农业区进行。而甘肃75% 的耕地属于旱作农业区，如何在这些地区进行高效节水节能日光温室蔬菜生产就成为我们目前亟待解决的一个课题。针对甘肃省气候特点，设计了XB-G1集水型节能日光温室，在设计上要求将保温节能与集雨节灌有机地结合起来，使节能日光温室的综合性能得到进一步的提高，对于节能日光温室在西北干旱半干旱地区的发展将起到很好的作用。

角度设计上，采光时段屋面角32°；后屋面仰角38°；方位角为偏西5°~8°；温室长50~70m，跨度8m，温室高度3.9m，墙体为厚60cm异质复合墙体。

性能分析：根据以山东寿光式日光温室为比较对象测定温室内的温度条件的实验研究(表2-4)，西北型温室较山东寿光琴弦式温室平均温

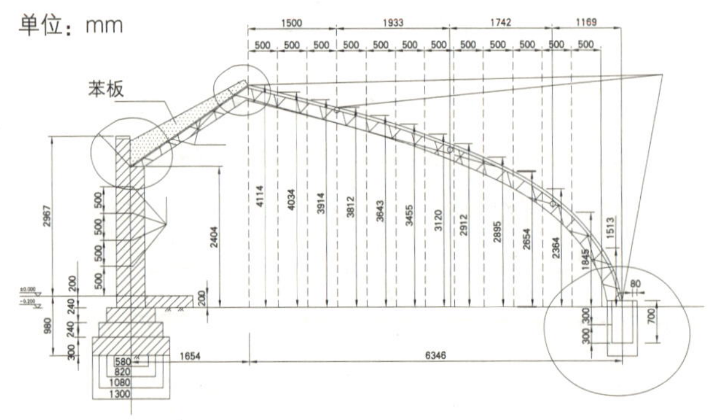

图2-11 XB-G2型日光温室结构图(引自邱仲华，2009)

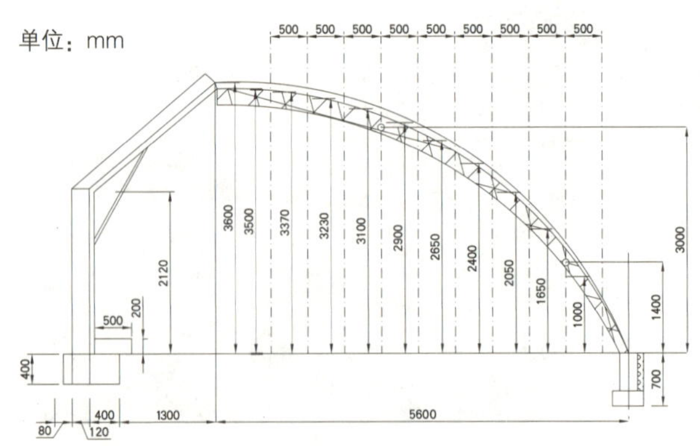

图2-12A XB-G3型日光温室结构图(引自邱仲华，2009)

图2-12B XB-G3型日光温室

度提高3.4℃。8:00~18:00时西北型温室上午升温快，幅度大，下午降温缓慢。晴天西北型温室较山东寿光琴弦式温室相对湿度降低，表明西北型系列温室不仅结构优，采光保温性能强，而且跨度增大，土地利用率提高，在西北地区具有较好推广前景。

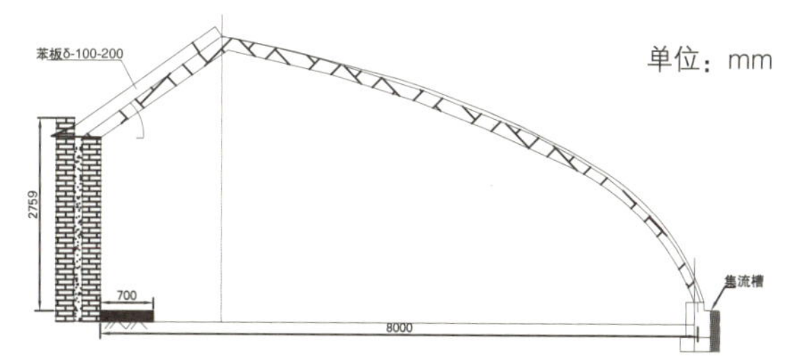

图2-13A 西北XB-G1集水型日光温室剖面图（引自邹志荣，2009）

图2-13B XB-G1集水型日光温室(甘肃天水地区)

表2-4 西北型和琴弦式室内外温度比较(℃)

时间	西北型温室	琴弦式	外界	西北型室内外温差	普通温室室内外温差	两种温室室内温差
7:00	9.5	7.0	−5.7	15.2	12.7	2.5
8:00	9.7	7.0	−6.0	15.7	13.0	2.7
10:00	18.5	15.5	−1.7	20.2	17.2	3.0
14:00	28.0	22.5	3.2	24.8	19.3	5.5
17:00	16.0	14.0	0.6	15.4	13.4	2.0
平均	16.34	13.2	−1.92	18.26	15.12	3.4

注：资料来源于杨振超，2002。

(2) 银川二代日光温室

银川二代日光温室根据后屋面材料有软顶和硬顶两种，硬顶为水泥预制板铺底草泥铺顶，内充炉渣；软顶为玉米秆铺底草泥铺顶，内充炉渣。当地还划分为银川郊区型、昆仑公司型、甜菜所型、西北型和农技总站型。

温室基本结构参数：跨度7.5m；脊高3.5 m；异质复合墙体0.8m；土质墙体厚度1.0~1.5m；墙体内高2m；墙体外高2.6m；后屋面角50°；底角60°；前屋面角28°。

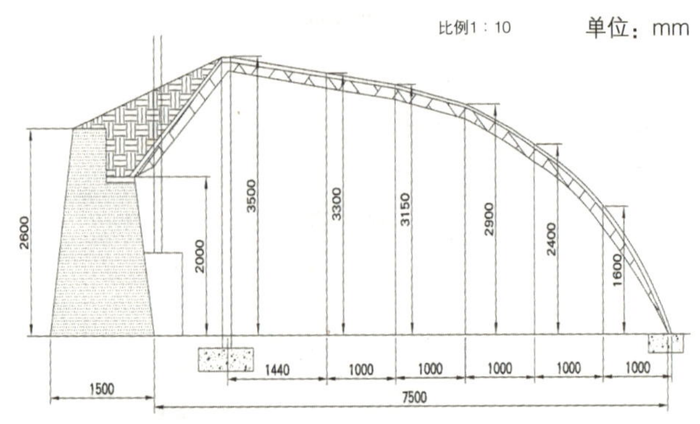

图2-14A 银川二代型日光温室结构图(引自邹志荣，2009)

图2-14B 银川二代型日光温室

(3) 新疆新型高效节能日光温室

温室基本结构参数：跨度7.0~7.5m；脊高3.0~3.5m；墙体底端厚度1.4~2.0m；墙体上端厚度1.0~1.4m；墙体内高2.0m；外高3.0m。

单位：mm

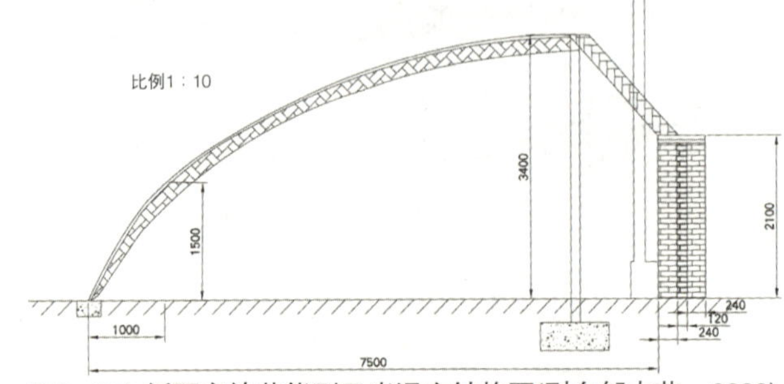

图2-15A 新疆高效节能型日光温室结构图(引自邹志荣，2009)

图2-15B 新疆高效节能型日光温室

表2-5 拱圆型和琴弦式室内外温度比较(℃)

拱圆型	琴弦式	外界	拱圆型—外界	琴弦式—外界	拱圆型—琴弦式
10.4	8.8	-5.5	15.9	14.3	1.6
10.57	8.07	-6	16.57	14.07	2.50
10.23	10.07	-3.6	13.83	13.67	0.16
10.4	9.83	-4.6	15.0	14.43	0.57
11.57	9.9	-3.4	14.97	13.3	1.47
12.23	10.57	-2.5	14.73	13.07	1.66
11.57	10.23	-3.2	14.77	13.53	1.34
10.77	9.36	-4.23	15.00	13.60	1.41

注：资料来源于邹志荣，2002。

性能分析：各类拱圆型温室，特别是西北型温室在采光、保温、节水等方面都有了较大的提高。根据实验分析：一天中拱圆型温室内温度，琴弦式温室内温度都高于露地，分别高18.18℃和16.72℃(表2-5)。拱圆型温室内温度平均高于琴弦式温室2.08℃。7:00~19:00间，外界最低温出现在7:00，为-6℃。拱圆型温室和琴弦式温室最低温出现在8:00，分别为9.5℃和7℃。拱圆型温室最低温比琴弦式温室高2.5℃。拱圆型温室上午升温快，幅度大，下午降温慢(杨振超等，2002)。

在相同栽培技术和水平条件下，作物的产量是衡量两种不同结构类型温室性能优劣最有力的证明。通过对两种温室冬春茬作物栽培产量调查，拱圆型温室内黄瓜、西葫芦、番茄均获高产，分别为每667m^{2}产1.17万kg、0.86万kg、1.46万kg以上，琴弦式温室三种作物每667m^{2}产分别为0.95万kg、0.633万kg、1.2万kg。拱圆型温室内黄瓜、西葫芦、番茄产量比琴弦式温室内产量分别高23.16%、36.97%、22.25%，拱圆型温室具有较大的优势。

2.4.2.1.4 特殊温室类型

在生产实践中，根据各地区不同生产需要，研制出多种特殊类型温室，其中有：双屋面日光温室、双连栋日光温室、无后坡日光温室、果树专用型日光温室、无结构日光温室、大跨度日光温室、果树专用型温室等。

双屋面温室阴面只能种植喜阴的蘑菇；双连栋温室多用于观光农业，增加土地利用率，但保温性不好，需配备其他采暖装置；无后坡温室仅适合于在半冷的季节种植叶菜类作物。果树型温室环境温度低，只适于对温度需求低的果树生产。陕西关中地区墙体厚度为1.0m，甘肃白银地区墙体厚度为1.3m；宁夏银川地区墙体厚度为1.5m；新疆塔城地区墙体厚度为1.4m。

(1) 双屋面日光温室

温室基本结构参数：阳棚：跨度7m；脊高3.6m；墙体底端厚度1.5m；墙体上端厚度1.2m；墙体内高2.2m；墙体外高3m；后屋面角 35° ~38° ；底角 70° ；前屋面角 27° ~29° ；阴棚：跨度6m；高度3m。

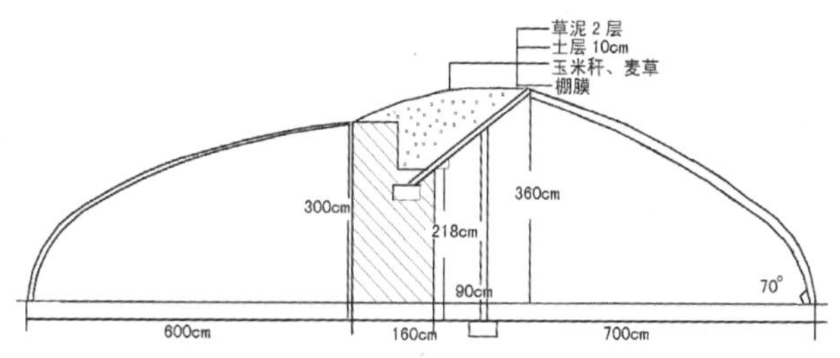

图2-16A 双屋面日光温室结构图(引自邹志荣，2009)

图2-16B 双屋面日光温室

(2) 双连栋日光温室

西北型双连跨日光温室：为了充分利用土地资源，课题组为杨凌新天地高效设施园艺示范园设计了西北GJ-6×2型双连跨日光温室。其总跨度为12m，前、后跨度各为6m，设有中柱及天沟，柱距3.75m。屋面承重结构为热浸镀锌组合拱架结构，墙体为聚苯乙烯板夹总保温砖墙。后坡用复合聚苯乙烯板保温，采光屋面用轻质卷帘被保温，配以热水供暖系统及人工通风系统。

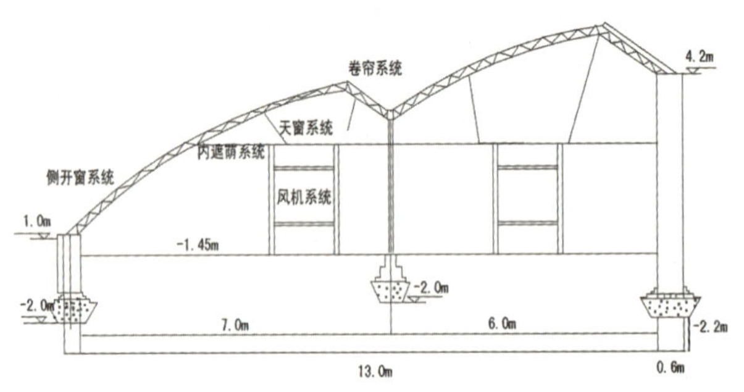

图2-17 双连栋日光温室结构图(引自邹志荣，2009)

该类温室跨度单跨8m，墙体厚度0.58~0.6m+24cm+10/12cm+24cm，共16m，长度50~70m，后墙应用材料多为砖和苯板，前跨脊高3.83m，后跨脊高5.3m，中立柱高2.6m，后墙高度4.0m，骨架材料一般为镀锌轻质钢屋架结构，后屋面材料为轻质复合保温板(陈伟旭等，2010)。

图2-18 西安杨凌西北型双连跨日光温室

(3) 无后坡日光温室

温室基本结构参数：跨度7.0~7.5m；脊高3.0m；墙体底端厚度1.3m；墙体上端厚度0.9m；外高3.0m。

图2-19A 无后坡日光温室

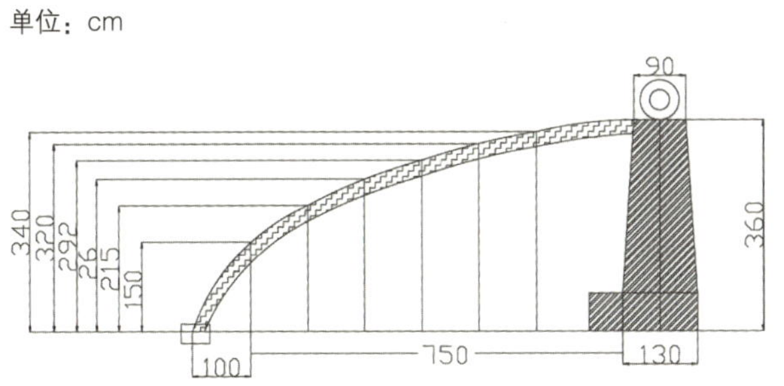

图2-19B 无后坡日光温室结构图(引自邹志荣，2009)

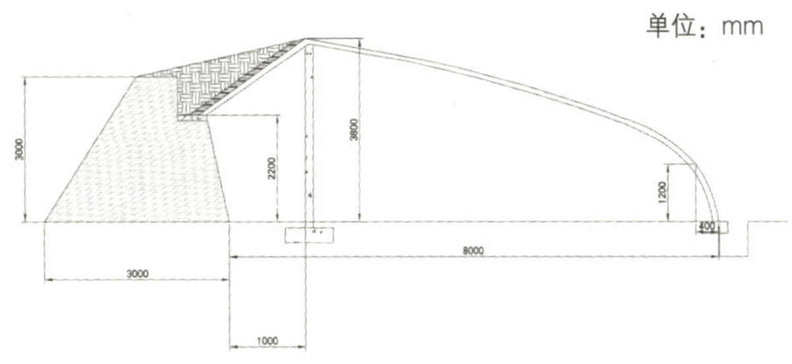

图2-20 果树专用型日光温室结构图(引自邹志荣，2009)

(4) 果树专用型日光温室

温室跨度和脊高较大，一般跨度在8~9m，有的已达到12m。脊高在3.8~4.0m，有的可达4.5m。一般在12月至翌年1月扣棚膜，平均温度比蔬菜温室低8~10℃。

温室基本结构参数：跨度8~9m；脊高3.8m；墙体底端厚度3m；上端厚度1.5m；墙体内高2.2m；外高3m；后屋面角46°；底角70°；前屋面角28°。

(5) 无结构日光温室

根据西北地区的温度和当地的15年和20年重现期的风荷载值基本0.2~0.25kN/m^2，雪荷载在0.1~0.2kN/m^2，是沈阳和北京地区风荷载的67%~83%；沈阳地区雪荷载的30%~60%，北京地区雪荷载的80%，较小的荷载减轻了日光温室结构用材，优化研究出无结构日光温室类型。

实验结果表明，西北型温室较山东寿光琴弦式

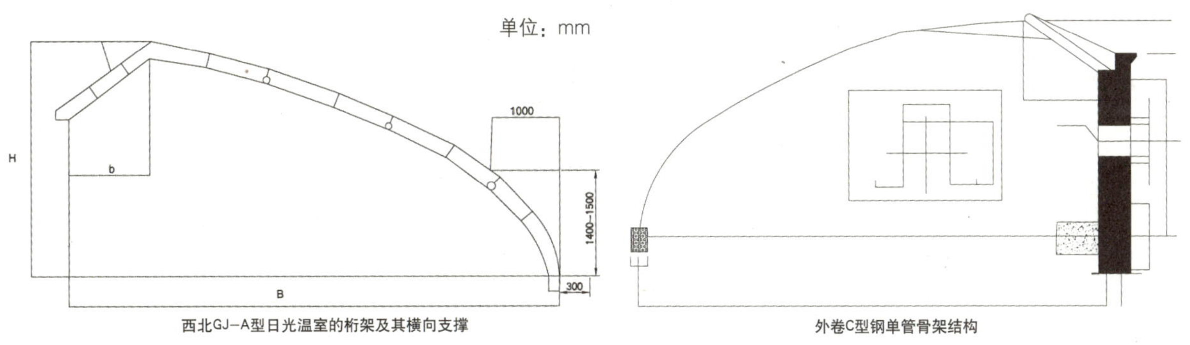

西北GJ-A型日光温室的桁架及其横向支撑　　外卷C型钢单管骨架结构

图2-21A 无结构日光温室结构图(引自邹志荣，2009)

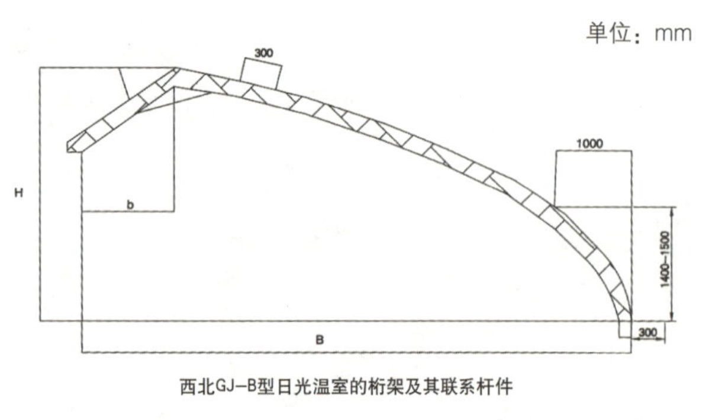

图2-21B 无结构日光温室结构图(引自邹志荣，2009)

温室平均提高温度3.4℃，日照透过率提高27.4%。西北型温室较山东寿光琴弦式温室相对湿度降低2.01%，表明优化设计的“西北型”系列温室不仅结构优，采光保温性能强，而且跨度增大，土地利用率提高，在西北地区具有较好推广前景。

(6) 大跨度日光温室

高效节能日光温室经济效益和社会效益显著，近年来发展迅速。面对资源紧缺、人口膨胀的严峻现实，为了更好的提高土地利用率，加强资源的有效利用，在特殊条件下，需要建设大空间的设施类型，大跨度日光温室在很大程度上解决了这一难题。

性能分析：根据沈阳地区对大跨度日光温室内部小环境的分析，得出在全天日射量晴天累计为1504.9W·m^2 、阴天为664.6W·m^{2}情况下，揭帘后至夜间晴天室内空气平均温度比阴天高5.5℃；夜间(18:00，23:00)距前底角不同位置0.2m土壤温度晴天为10.6~12.1℃，阴天为8.8~10.5℃。前屋面、后坡几乎全天从室内吸热，土壤及后墙向室内平均放热量是阴天的1.5倍。在室外空气相对湿度阴天为100%，晴天为57%~100%情况下，晴天室内空气日均相对湿度为87%，阴天为93%。阴晴天夜间土壤表面温度与后坡、后墙表面温差基本相同；阴晴天夜间东西山墙内表面温度与室内空气之间的温度关系基本相同；阴晴天距前底角1.0m土温均比中后部低1℃左右(车忠仕等，2005)。

温室基本结构参数：跨度10m；长度60m；墙体厚度1.5m，大于当地最大冻土层深度0.27m；后屋面长度2.4m；高度：温室脊高4.413m，后墙高度2.9m。

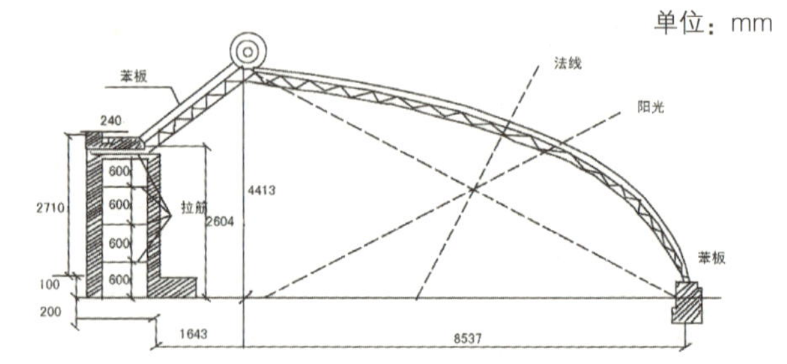

图2-22A 西北XB-GV型大跨度日光温室剖面图(引自宋明军，2009)

图2-22B 大跨度日光温室

(7) 优化型西北型日光温室

西北型温室优化结构基本参数：前屋面角度α=当地地理纬度-4°；后屋面角度β=当地冬至日太阳高度角+7~8°；跨度7~8m；高度3.2~3.8m；墙体厚度土墙：0.8~1.5m，砖墙：0.44~0.55m；长度50~100m。按照以上参数建造温室，室内温度可提高3~4℃，光照度提高20%左右，特别是双拱日光温室，可提高土地利用率65%，从而填补了西北型日光温室优化结构的空白。西北型温室上午升温快，升温幅度大，下午降温缓慢。晴天西北型温室较山东寿光琴弦式温室相对湿度降低2.01%。

2.4.2.2 华东地区

华东地区包括六省一市，但是日光温室主要类型还是以山东地区温室类型为主。目前山东省推广的日光温室类型主要有山东Ⅰ型、山东Ⅱ型、山东Ⅲ型、山东Ⅳ型、山东Ⅴ型等，这5种类型的日光温室，它们在设计时的主要参数如下(表2-6)。

表2-6 山东五型温室结构参数

类型	脊高(m)	后跨(m)	前跨(m)	前屋面角(°)	后墙高(m)	后屋面角(°)
山东Ⅰ型	3.1~3.2	0.7~0.8	6.2~6.3	26.2~27.3	2.1~2.2	45
山东Ⅱ型	3.3~3.4	0.9~1.0	7.0~7.1	24.9~25.9	2.3~2.4	45
山东Ⅲ型	3.6~3.7	1.1~1.2	7.9~8.0	24.2~25.1	2.4~2.6	45~47
山东Ⅳ型	4.2~4.3	0.8	8.8~9.0	22.9~23.5	2.6~2.8	45~47
山东Ⅴ型	4.2~4.3	1.2~1.3	9.7~9.8	23.2~23.9	2.9~3.1	45~47

注：其中脊高为日光温室的高度，资料来源于山东省地方标准，DB37/T391-20，2005。

(1) 山东Ⅰ、Ⅱ、Ⅲ、Ⅳ、Ⅴ型日光温室建造技术规范

山东Ⅰ、Ⅱ Ⅲ、Ⅳ、Ⅴ型日光温室(冬暖大棚)建造的结构参数依据、结构参数、选址与场地规划，日光温室墙体、后界面、骨架、覆盖物及建造、安装的操作技术本标准适用于山东省(北纬34° 25′ ~38° 23′)及黄淮海同纬度地区。

日光温室各部位的承载力必须大于可能承受的最大荷载量。荷载量的大小主要依据当地20年一遇的最大风速、最大降雪量(或冬季降水量)，以及覆盖材料的重量。由于在日光温室建造时，墙体的承载力一般都大于其可能承受的荷载量。因此，墙体承载力可以不考虑，主要考虑骨架和后屋面的承载力。以济南地区为例，按其最大风速17.2m/s，最大积雪厚度190mm，干苫重4~5kg/m^2，再加上作物吊蔓荷载、薄膜荷载、人上温室局部荷载等，济南地区日光温室骨架结构的承载力标准，可按平均荷载0.7~0.8kN/m^2，局部荷载1.0~1.2kN/m^{2}设计,其他地区可据此适当调整。

(2) 山东Ⅰ型(SD-Ⅰ)日光温室

结构参数脊高3.1~3.2m，后跨0.7~0.8m，前跨6.2~6.3m，采光屋面参考角度26.2° ~27.3° ，后墙高2.1~2.2m，后屋面仰角45° 。

(3) 山东Ⅱ型(SD-Ⅱ)日光温室

结构参数脊高3.3~3.4m，后跨0.9~1.0m，前跨6.9~7.1m，采光屋面参考角平均角度24.9° ~25.9° ，后墙高2.3~2.4m，后屋面仰角45° 。

(4) 山东Ⅲ型(SD-Ⅲ)日光温室

结构参数脊高3.6~3.7m，后跨1.1~1.2m。前跨7.9~8.0m，采光屋面参考角平均角度24.2° ~25.1° ，后墙高2.4~2.6m，后屋面仰角45° ~47° 。

(5) 山东Ⅳ型(SD-Ⅳ)日光温室

结构参数：脊高4.2~4.3m (室内地平面算起)，后跨0.8m，前跨8.8~9.0m，耕作地面下挖0.3~0.4m，采光屋面参考角平均角度22.4° ~23.5° ，后墙下宽

3.5~4.5m，上宽1.0~1.5m，后墙高3.0~3.2m，后屋面仰角45°~50°。

(6) 山东V型(SD-V)日光温室

结构参数：脊高4.2~4.3m，后跨1.2~1.3m，前跨9.7~9.8m，有立柱，采光屋面参考角平均角度23.2°~23.9°，后墙高2.9~3.1m，后屋面仰角45°~47°。

性能分析：以山东Ⅲ型(SD-Ⅲ)日光温室为例，山东型温室在冬季寒冷季节，一般比室外温度高10℃左右，日光温室内的气温昼夜有明显变化，且其较差相当大。寒冷的冬季昼夜之间有相当长的时间处于15℃以下，1/4的时间温度在10℃左右(表2-6)。日光温室内土壤温度日变化昼高夜低，各测点土壤温度日较差随深度增加而迅速减小，表层土壤日较差为10℃左右，20cm土壤温度日较差为1~2℃左右，测定结果表明，温室内外土壤温度差能达到15~20℃，完全可以满足冬季蔬菜花卉的生产(刘克长等，2000)。

单位：mm

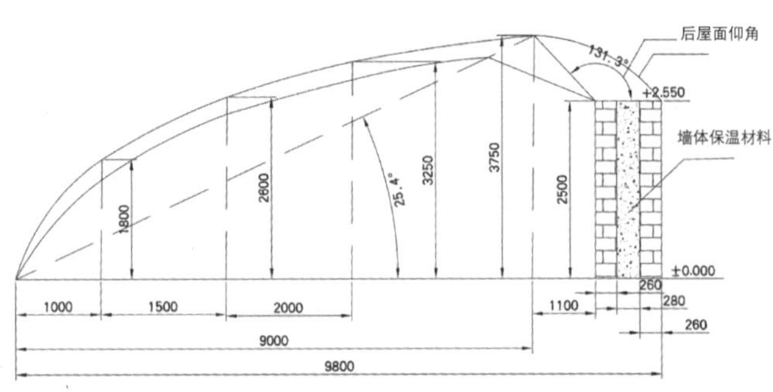

图2-25 SD-Ⅲ型日光温室结构图(山东地方标准：DB37/T391-2004)

单位：mm

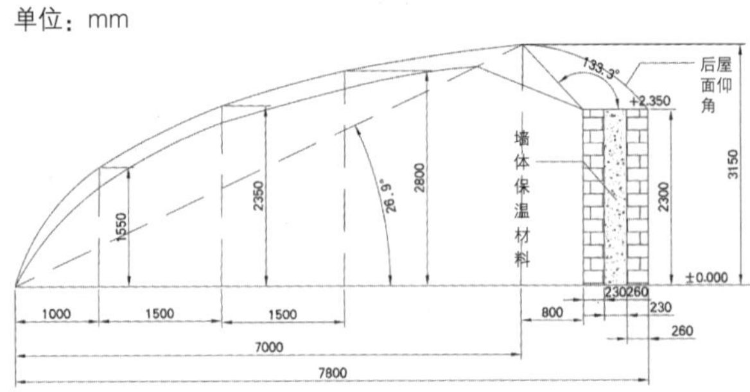

图2-23 SD-Ⅰ型日光温室结构图(山东地方标准：DB37/T391-2004)

单位：mm

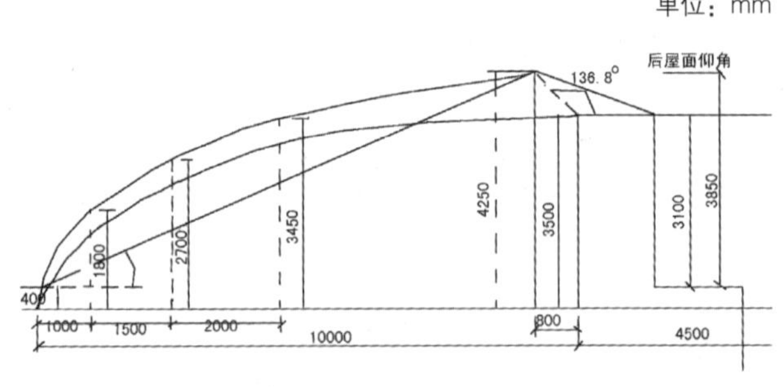

图2-26 SD-Ⅳ型日光温室结构图(山东地方标准：DB37/T391-2004)

单位：mm

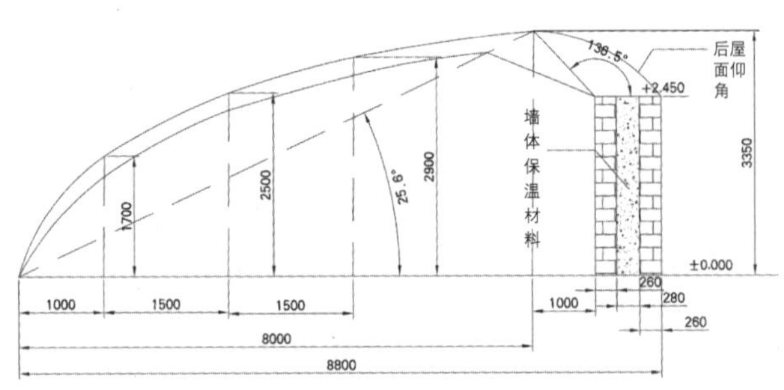

图2-24 SD-Ⅱ型日光温室结构图(山东地方标准：DB37/T391-2004)

单位：mm

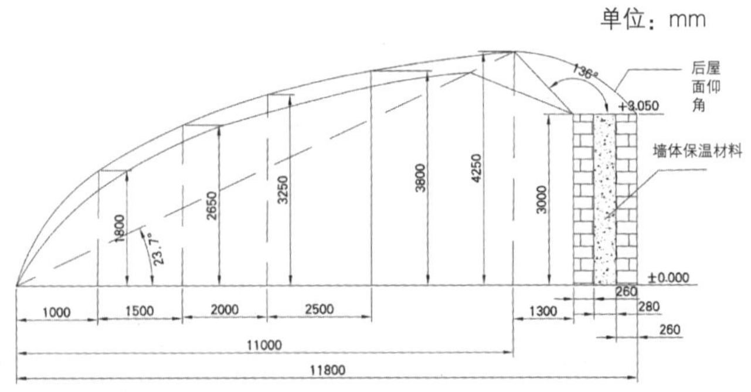

图2-27 SD-V型日光温室结构图(山东地方标准：DB37/T391-2004)

表2-7 山东型温室室内外温度变化(℃)

项目		11月			12月			1月			2月		
		上	中	下	上	中	下	上	中	下	上	中	下
室外	平均温	9.1	8.0	4.0	−2.0	−2.4	−1.1	−1.7	−2.9	−1.9	−2.3	1.4	1.2
	平均最高温	17.1	15.4	11.1	5.8	5.5	5.5	4.2	1.9	4.2	4.3	7.5	8.0
	平均最低温	3.0	3.4	−1.3	−4.7	−4.4	−6.0	−6.2	−6.1	−6.3	−7.6	−3.7	−4.9
室外	平均温	20.6	18.2	15.3	14.6	14.3	15.1	15.0	13.6	15.4	16.1	16.7	17.0
	平均最高温	33.1	32.5	30.1	31.0	28.8	30.5	29.1	24.9	29.1	31.3	30.5	32.7
	平均最低温	15.3	13.0	9.6	9.5	9.0	9.9	9.9	10.4	10.6	11.0	12.1	11.4

注:资料来源于刘克长，2005。

2.4.2.3 东北地区

(1) 辽沈I型

辽沈I型日光温室作为第二代节能型日光温室，属于现在推广较多的一类，包括4个系列：辽沈I型6.0m跨，辽沈I型6.5m跨，辽沈I型7.0m跨，辽沈I型7.5m跨。辽沈Ⅰ型日光温室4个系列的日光温室室内均为无柱式，骨架采用钢平面桁架的形式。常用的有辽沈Ⅰ型7.0、辽沈Ⅰ型7.5两种型式，跨度分别为7.0m和7.5m，东西长度60m左右。

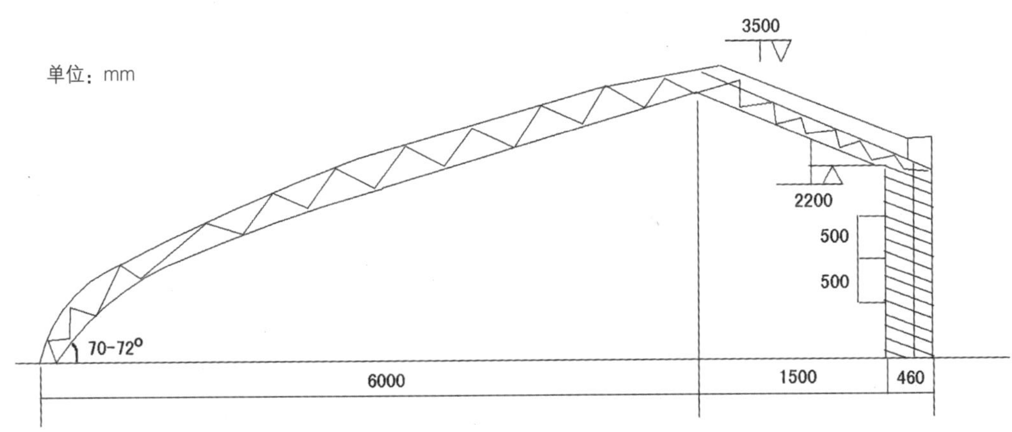

图2-28 辽沈Ⅰ型日光温室结构图(引自刘文合)

表2-8 辽沈型温室4种类型基本结构参数

温室类型	净跨度(m)	脊位比	脊高(m)	后墙高(m)	后坡仰角(°)	前坡参考角(°)
辽沈I型6.0	6.0	0.8	2.9	1.80	32.2	31.1
辽沈I型6.5	6.5	0.8	3.1	1.90	32.9	30.8
辽沈I型7.0	7.0	0.8	3.3	2.05	32.3	30.5
辽沈I型7.5	7.5	0.8	3.5	2.20	31.7	30.3

基本结构参数：日光温室跨度7.5m，长度100m，脊高3.5m，后墙高2.2m，后坡水平投影1.5m；钢桁架结构，适合于北纬42°以南地区；温室方位南偏西5°。按30年一遇风、雪荷载设计，耐久年限15~20年(表2-8)。

辽沈I型日光温室首次应用聚苯乙烯泡沫塑料板(简称苯板)做多层异质复合墙体和后坡的隔热层，使其热阻达到3.7~4℃/W，热阻比用同厚度珍珠岩增加48%~91%，而且造价低，施工方便，加上良好的外覆盖、苯板作防寒沟隔热层等，使北纬42°及其以南地区，冬季基本不加温，便可生产蔬菜，平均温度比普通生产温室高3~5℃，最冷日室内外温差达到30℃(白义奎等，2001)。采光面形状采用优化设计，使温室透光率高，更好地满足温室内作物的光热需求(佟国红等，2003)。

(2) 辽沈IV型

日光温室净跨度12m，温室长度视场地情况而定，一般不宜小于50m，也不宜大于100m，长度大于60m 时要设变形缝。温室净长度应为承重骨架间距的整数倍。前坡参考角一般为30~31°，后坡仰角应比冬至日正午太阳高度角大6~8°。后墙高应便于行走，有一定蓄热面积并参照后坡仰角来确定。辽沈IV型日光温室剖面几何参数：净跨度2m，脊位比0.8，脊高5.5m，后高3m，后坡仰角45°。内墙为370mm厚黏土砖墙，外层墙一般为240mm厚砖墙，中间为两层缀铝箔聚乙烯泡沫塑料板。温室墙总厚度600mm，靠外侧300mm范围内砌上屋顶阶梯，靠内侧300mm 用来固定薄膜。

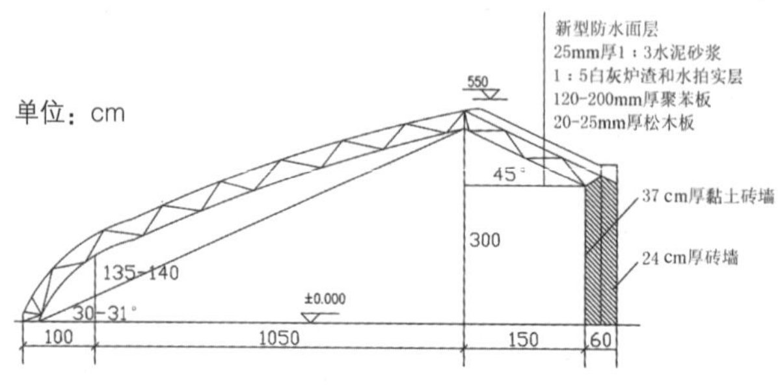

图2-29 辽沈IV型日光温室结构图(自绘)

性能分析：以辽宁沈阳地区为例，在北纬42°以南地区，冬季基本不加温的情况下白天室内气温接近及超过25℃的时间近5h，基本可以满足喜光型蔬菜生长，但连阴天及极冷天气，必须有临时加温设备加温，以满足作物生长需要。

因此，根据辽宁地区主要设施类型的基本性能和辽宁地区本身的自然气候条件，并经过试验得出，辽宁的南部和西部地区，包括大连市、营口市、鞍山市，以及朝阳市、葫芦岛市、阜新市、锦州市等地区光、热资源丰富，冬季温度较高，有效生长积温高。辽宁的南部地区≥0℃期间的积温达到4000℃以上；在西部地区虽然有所减少，但也在3800℃以上，光照达到1300h以上，这些条件十分有利于日光温室的发展，为辽沈型日光温室的最佳发展区域，中部地区，包括沈阳市、辽阳市等地区≥0℃期间的积温在3400~3800℃，日照时数在1100~1300h，光热资源较为丰富，日照充足，但冬季气温较低为次适宜发展地区(明月等，2007)。

小结：节能型日光温室的透光率一般在60%~80%以上，室内外气温差可保持在21~25℃以上(周长吉，2005)。例如，在北京(40° N)地区冬季气候条件下，晴天时室内作物冠层上方的光照强度一般可达2万~3万lx，12月上旬至2月下旬各旬的平均气温维持在12~21℃之间，旬平均最高气温21.5~35.5℃，旬平均最低气温10~13℃，一天之中气温25℃的持续时间在2.5 ~ 3.0h以上，长的可持续5h，在室外最低气温-15~-13℃的条件下，室内气温仍可维持在10℃以上，5~10cm地温的平均值一般保持在12~15℃以上。

我国日光温室的发展主要在辽宁的海城、鞍山、瓦房店，河北的邯郸、永年、无极及山东的寿光、苍山等地。经过科技人员共同努力，现已向南延伸到安徽的蚌埠、阜阳地区，向北跨过长城，推向北纬43°，长白山区的吉林通化及内蒙古的通辽一带，延绵2000余公里，均有日光温室的分布(张纪增，1991)。实践证明，凡室外极端最低温度不低于-25℃，利用塑料日光温室的特殊结构性能，可使室内保持0℃以上的温度，均可获得满意的结果。北纬32°～43°，南北跨越11个纬度，在此范围内都可建造日光温室，进行生产。

2.5 现代化温室

2.5.1 华东型连栋温室

(1) 华东型连栋温室设计依据

华东地区，特别是上海、江苏等地区，夏季高温高湿多台风，温室设计要求通风、排湿效果好；冬季气温相对略高，不加温亦可满足部分植物生长；冬季多雨雪，最大积雪厚度可达25~30cm。特别是2008年，南方大部分地区遇到50年未遇的罕见大雪，设施受害严重，设施设计要求抗风雪能力较好。

(2) 华东型连栋塑料温室结构特点

华东型连栋塑料温室的跨度为7m，间距为3m，天沟高度(檐高)为3m，顶高为4.4m，钢材全部采用浸镀锌工艺，使用寿命为15年以上。抗雪承载能力大于35kg/m^2，抗风承载能力为2535kg/m^2，抗作物载荷能力大于15kg/m^2，覆盖材料为无滴长寿膜，透光率达到90%。

顶部设置为可启闭的通风窗，其通风口面积占屋顶面积的30%以上，侧部设置通风口，采用手动卷膜，并装有防虫网，1m以下为塑料膜裙边幕帘,采用国产银灰遮阳网，正常使用寿命大于3年。

(3) 华东型连栋塑料温室性能分析

夏季在自然通风及简单降温条件下，温室内离地面80cm高度，中午13:00的温度比室外同一高度面的气温低2~3℃(刘鹰等，1999)。

冬季保温性能，在不加温情况下，温室内距地面高度80cm，凌晨5:00的气温比室外同一高度面的百叶箱内气温高5℃。华东温室室内气温比以色列温室升温快，且保温性能好。综合各方面性能测定表明，浙江大学农业生物环境工程研究所设计、建造的华东型连栋塑料温室适宜在华东地区应用，符合国情，具有明显的经济效益和社会效益。

2.5.2 华南型连栋温室

华南地区是我国南部地区的简称，包括广东省、广西壮族自治区和海南省。广义上的华南地区还包括福建省中南部、台湾、香港和澳门。其气候的主要特征是：光照充足，降雨量大，夏长冬短，容易受热带风暴、台风等灾害性气候影响。华南地区夏长冬短，夏天炎热，温室内大量多余热量的积累，会造成温室内温度很高，容易影响温室内作物生长和温室的周年生产。因此，温室夏天降温措施成为该区域温室设计和建造的关键。主要的降温措施包括自然通风降温、遮阳降温、蒸发降温和空调降温等。

根据屋顶不同的表现形式，分为拱圆型和屋脊型连栋塑料大棚两种。

(1) 拱圆型温室的主要形式

根据屋顶不同的表现形式，分为拱圆型、双坡拱圆A型、单坡锯齿型、双坡拱圆B型四种连栋塑料大棚。

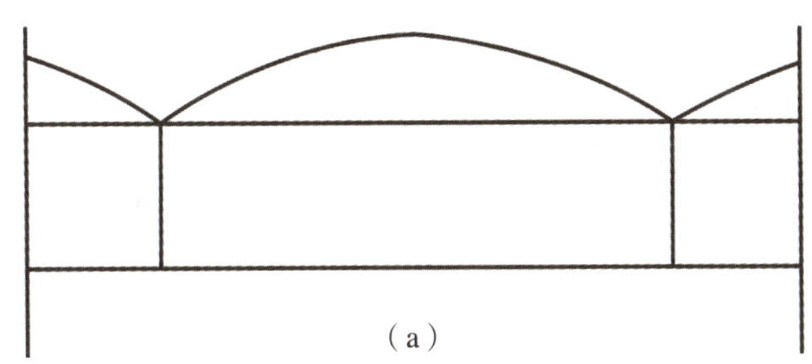

图2-30 拱圆型连栋塑料大棚(结构图例引自徐楚荣，2009)

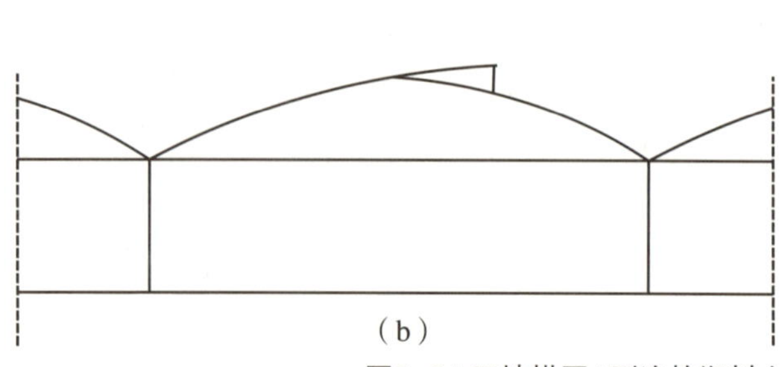

图2-31 双坡拱圆A型连栋塑料大棚(结构图例引自徐楚荣，2009)

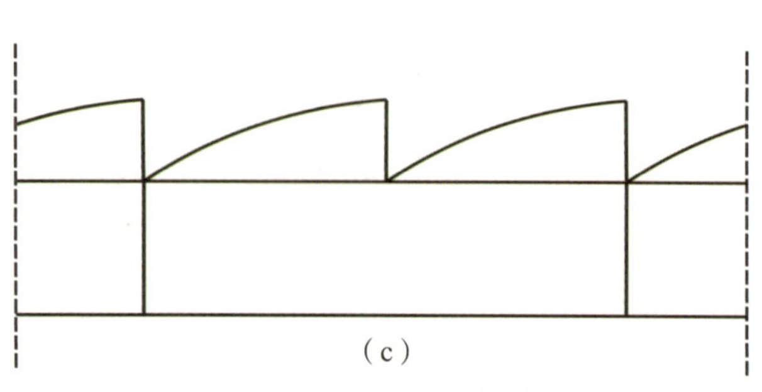

图2-32 单坡锯齿型连栋塑料大棚(结构图例引自徐楚荣，2009)

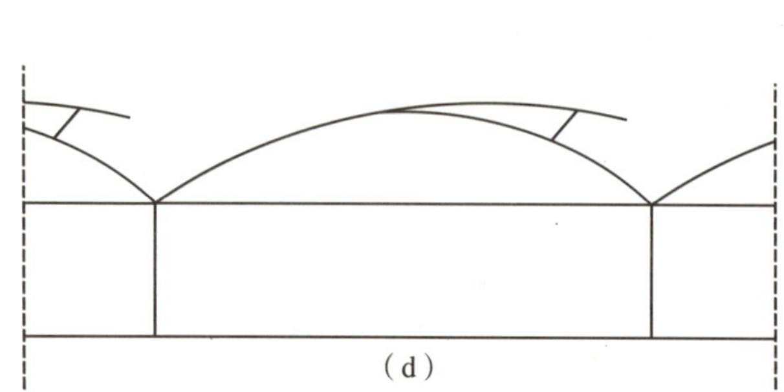

图2-33 双坡拱圆B型连栋塑料大棚(结构图例引自徐楚荣，2009)

(2) *屋脊型温室的主要形式*

根据屋顶的不同表现形式，分为锯齿型、单坡锯齿型、双弧面锯齿型、双立面锯齿型连栋温室4种形式。

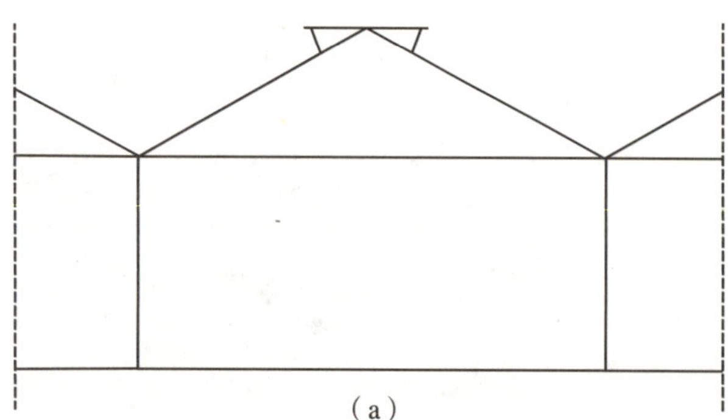

图2-34 锯齿型连栋温室(结构图例引自徐楚荣，2009)

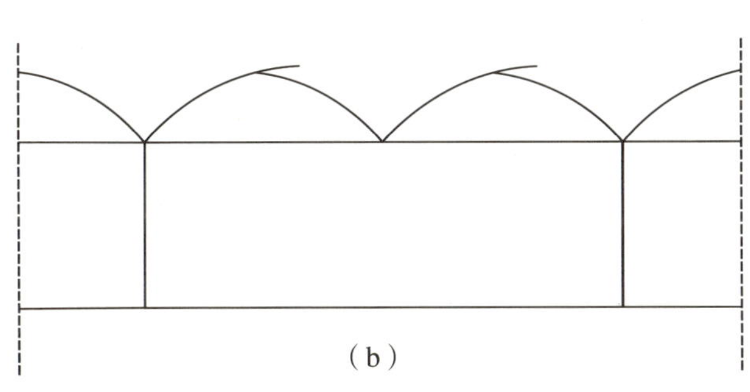

图2-35 双弧面锯齿型连栋温室(结构图例引自徐楚荣，2009)

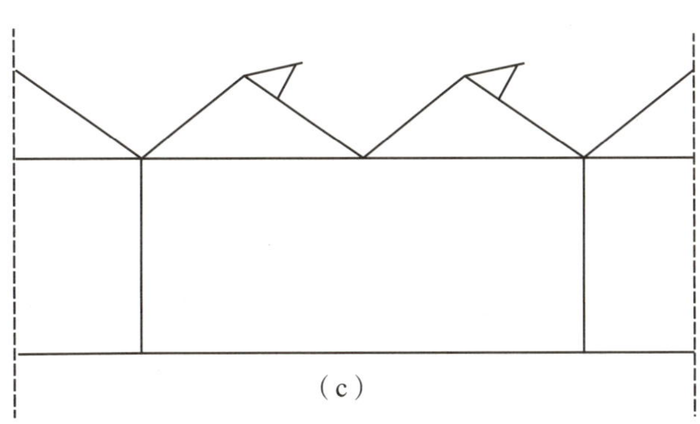

图2-36 单坡锯齿型连栋温室(结构图例引自徐楚荣，2009)

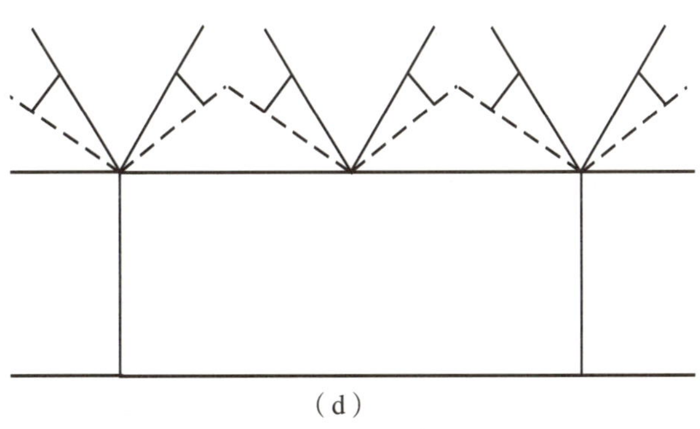

图2-37 双立面锯齿型连栋温室(结构图例引自徐楚荣，2009)

2.5.2.2 华南型连栋温室

华南型连栋塑料温室的平面尺寸一般为8m×42m，屋脊高3.8m，侧檐高2.3m，采用型钢作为结构构件，塑料薄膜作为覆盖材料。结构自重轻，结构永久荷载所占比重较小。华南地区台风频繁，因此，风荷载是华南地区温室结构设计考虑的主要荷载，风荷载的大小将影响结构的安全和投资的经济效益。实验表明华南型温室中的屋檐和天窗使其风荷载分布与建筑结构荷载规范的规定有较大区别，屋檐、屋脊、两端和天窗均为风荷载集中的部位。抗风设计应主要考虑与温室侧墙垂直的风荷载，在温室端部应设置支撑或提高屋檐和屋脊结构强度。

2.5.3 华北型连栋温室

中国农业大学设施园艺工程技术研究中心通过国内外技术集成与开发，形成具有我国特色的低价、节能、高效、综合环境优良、管理运行方便的华北型连栋塑料温室，现已在北京、山东、河南、河北、吉林等地大面积推广使用。经过多年改造，在温室保温性能上又取得了不错成效，由中国农业大学水利与土木工程学院，农业部设施园艺生物环境工程重点开放实验室承担的国家科委“工厂化高效农业示范工程北京分项——华北型连栋塑料温室结构及调控设施优化设计与实施”项目中开发研制了华北型双层充气连栋塑料温室技术。它与国外同类温室相比，不但综合性能齐全，保温、降温和自控系统性能增强，而且工程造价低40%以上。本产品已先后在北京、河北、山东、吉林、河南以及新疆等省、市、自治区的一些地区得到推广应用，设计安装完工的温室共12栋，温室总建筑面积为20308.4m^2，取得了较好的社会效益和经济效益。

(1) 主体结构

华北型温室，标准单栋跨度8m，开间3m，温室天沟高2.8~3.2m，屋脊高度为4.5~5.0m。温室骨架采用预制装配式结构，产品全部采用定型模具生产，热浸镀锌，使用年限 20 年以上。

(2) 覆盖材料

温室顶部采用双层充气薄膜保温覆盖系统，由整幅双层多功能长寿膜、铝合金固定卡具、充气风机、止回阀、充气软管及控制装置组成。薄膜选用中国农业大学设施园艺工程技术研究中心最新研究的新一代多功能长寿薄膜。研究表明，双层充气薄膜覆盖形式是全光温室中一种有效的保温节能形式，在国外塑料温室中得到广泛应用，美国约有60% 的商业温室都采用这种覆盖形式(潘强等，1999)。根据我国气候特点，北墙采用24或37砖墙，南墙采用8mm厚三层PC中空板或玻璃，东西侧墙采用双层充气薄膜卷帘(或铝合金推拉窗)，并增设防虫网。

(3) 降温系统

自然通风系统与湿帘风机降温系统构成了华北型温室的降温系统。自然通风系统由天窗、侧窗组成，用于春秋季节的通风换气。湿帘风机降温系统由南山墙风机、北山墙湿帘组成，主要用于盛夏季节、室外处于30℃以上高温时期的降温。

(4) 地中热交换系统

地中热交换系统由风机、风道、蓄放热管道与控制装置组成。利用太阳能地中热交换系统，在不进行人工采暖的情况下，北纬40° 左右地区冬季夜间温室内气温可提高4~7℃，尤其是作物根区地温可提高3~6℃，这对于冬季育苗及促成栽培具有重要意义。

(5) 热水采暖系统

该系统主要是在寒冷季节或早春、晚秋夜间，在双层充气覆盖保温与地中热交换系统参与下，为了维持必要的室温而进行补充采暖。系统采用专用的热浸镀锌圆翼形散热器，热水管路采用同程式布置加上周边按热负荷匹配散热管，因此，热媒分配与室温分布较均匀，全温室栽培床温度偏差小于1.5℃。为了适时调节室温，采用了管道泵与三向阀结合，按初冬、严冬热负荷大小投入管道泵台数，根据室温与设定温度的正负偏差，由三向阀调节供回水混合比，从而实现了分阶段改变流量的质调节，避免了太阳热负荷急剧变化时，采暖过量时而换气浪费能量的弊端。

2.5.4 Venlo型温室

Venlo型温室是20世纪50年代初荷兰发展起来的一种温室结构形式，早期Venlo型温室的跨度为6.4m，每跨由两个小屋面(单跨3.2m)构成，开间4.0m，檐高4.0m，脊高4.8m。经过40多年的发展，Venlo型温室已经成为荷兰最主要的温室结构类型，其主体结构采用柱网支撑桁架的钢结构，铝合金镶嵌玻璃屋面直接坐落在桁架上，屋面承重由铝合金嵌条承担，屋面构件遮光少，温室的透光率较高。

目前，Venlo型温室单屋面跨度有3.2 m和4m两种形式。单屋面跨度为3.2m的温室，最初的玻璃单幅为0.73m × 1.65m，经过不断改进，现已拥有0.73m × 1.65m、1.0m × 1.65m、1.125m × 1.65m等多个系列，开间也对应有3.0m、4.0m、4.5m等多个组合，跨度也形成了6.4m、9.6m、12.8m等多个模式；单屋面跨度为4m的温室，玻璃的单幅结构有0.8m × 2.08m、1.00m × 2.08m、1.25m × 2.08m等组合，开间也对应有4.0m、4.8m、5.0m等多个系列，跨度也有8.0m、12.0m等多个模式。

Venlo型温室屋面开窗采用屋脊两侧间隔设置，使温室的通风效率得到了显著提高。受通风窗开启角度的限制，实际通风口净高度只有0.36~0.45m，亦即实际通风口净面积与地面积之比仅为8.5%~10.5%。这种设计在荷兰气候条件下证明是合适的，但在我国大部分地区，由于夏季气候炎热，自然通风很难满足降温需要，Venlo型温室在我国应用还必须配置降温设施，效果并不佳(周长吉，2000)。

2.5.5 小结

目前全国设施面积达到350万hm^2，其中塑料小拱棚有130.6万hm^2，塑料大中棚139.4万hm^2，竹木骨架结构的占60%以上；日光温室和加温温室78.2万hm^2，竹木土墙架构的简易温室约占80%；大型园艺设施 219.33万 hm^2，其中塑料棚室218.45万hm^2，占94.1%；玻璃温室0.887万hm^2，占16.3%(设施园艺发展对策研究课题组，2010)。

本部分调查了全国6个省(山东、江苏、广东、陕西、甘肃、云南)、2个市(上海、北京)的35个县、市，整理总结了全国主要设施类型，其中塑料大棚6类，日光温室以区域进行划分，重点分为西北、华北和东北三个区域，不同地区以设施结构作为划分标准，其中西北地区分为：琴弦式3类，圆弧型3类，拱圆型3类，特殊类型温室7类；东北地区2类；华东地区5类。

3 我国设施园艺区域发展现状研究

以山东、上海为中心的华东地区，以北京为中心的华北地区，以陕西为中心的西北地区，以云南为中心的西南地区，以广东为中心的华南地区作为研究重点，研究其设施园艺产业现状。深入走访了全国6个省(山东、江苏、广东、陕西、甘肃、云南)、2个直辖市(上海、北京)的35个县、市，研究分析了各个地区设施园艺产业，包括设施花卉、蔬菜、果树等的产业发展现状、区域分布等特点。

3.1 全国不同地区设施园艺产业现状

经过近30多年的发展，全国目前设施面积350万hm^2，是世界上设施园艺种植面积最大的国家。

表3–1 2008年全国各地区设施园艺产业发展现状

地区	温室数量(万个)	温室面积(万m^2)	年产值(万元)	单位面积年产值（万元）
河北	752	501266	3801752	7.58
山东	469	225250	3084936	13.70
吉林	187	128141	1452658	11.34
甘肃	182	53737	534074	9.94
湖北	53	42275	68000	1.61
河南	39	40201	319936	7.96
福建	215	37302	609570	16.34
浙江	100	29114	492526	16.92
山西	47	23528	367890	15.64
辽宁	28499	22927	616964	26.91
黑龙江	79	21163	191310	9.04
天津	44	20890	217400	10.41
新疆	21	15634	87551	5.60
上海	68	13501	146697	10.87
海南	3	4096	25360	6.19
青海	10	3535	—	—
广东	—	927	—	—
贵州	7	720	7100	9.86

注：资料部分来源于农业部农业机械化管理司。

从表3-1中我们可以看出，不同地区设施园艺产业的区域发展并不平衡，呈现出较大的差异。从图3-1可以更清晰地分析出设施园艺产业的分布区域。

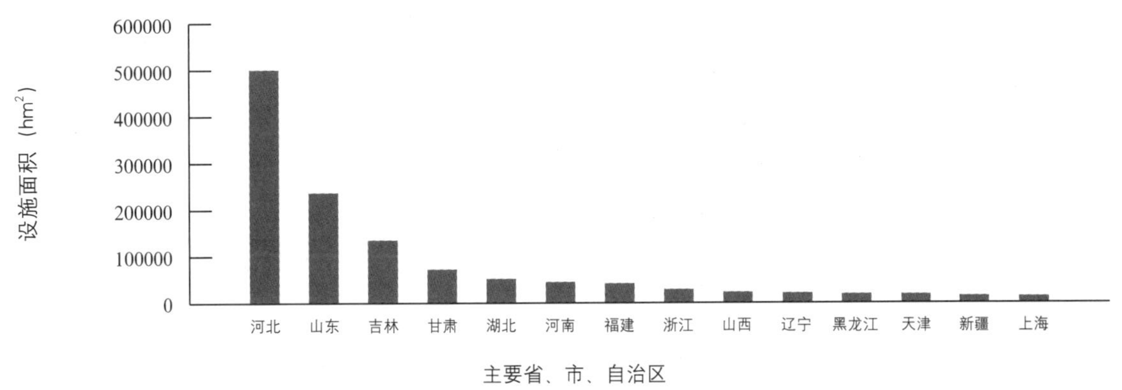

图3-1 全国主要省、市、自治区设施园艺产业发展面积统计(农业部，2008)

从图3-1中可以看出，地区分布差异明显，河北、山东、吉林、甘肃、湖北、河南、福建、浙江、湖南、辽宁、北京等省市是我国设施园艺产业的主要分布区。

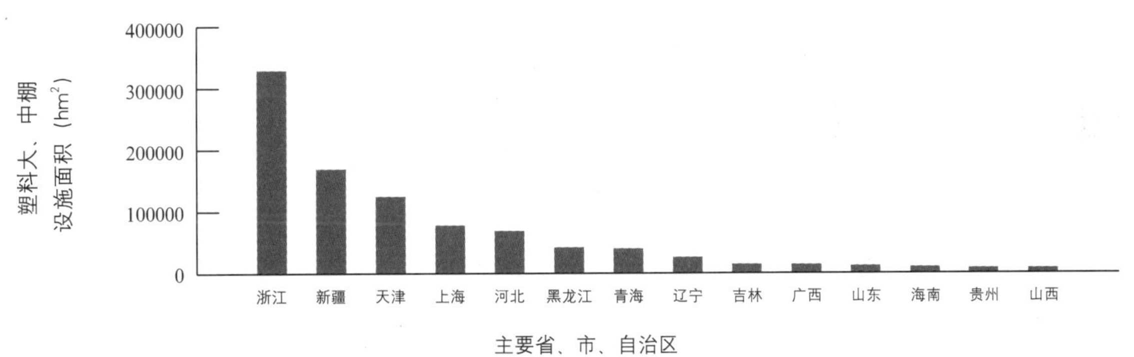

图3-2 全国主要省、市、自治区塑料大、中棚设施面积统计(农业部，2008)

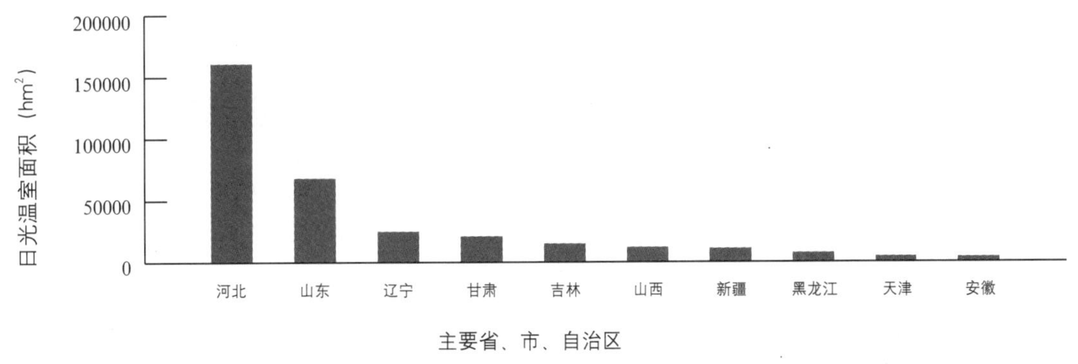

图3-3 全国主要省、市、自治区日光温室设施面积统计(农业部，2008)

从图3-2和3-3中可以看出，由于地区气候、资源、区位的差异，设施类型也呈现出较大的差别，在塑料大、中棚的分布上，浙江、新疆、天津、上海、河北、青海等地分布较多，但同时各个地区形成这种局面的影响因素又不尽相同。在日光温室分布区方面，以华东地区的山东；华北地区的河北、北京；东北地区的辽宁、吉林、黑龙江；西北地区的甘肃、新疆、青海、陕西为主要分布区。各个地区设施类型的不同，既受到当地气候条件的影响，又同时受到社会发展因素、人文因素的影响，因此分析其指导意义的同时，应发掘其差异，做到合理布局，科学规划。

表3-2 全国主要省、市、自治区不同设施类型面积统计(hm^2)(2008年)

地区	设施总面积	中小拱棚	塑料大棚	日光温室	塑料连栋温室	连栋温室
河北	501265.6	214107.0	109388.0	176088.0	341.4	7.2
山东	225250.3	79388.6	81455.6	61320.3	2883.9	50.5
吉林	128141.0	86671.0	29400.0	11970.0	50.0	5.0
安徽	83832.0	72308.0	—	4815.0	6594.0	1.0
甘肃	53736.7	8435.1	25941.5	19312.8	17.9	29.3
福建	37301.7	6273.1	—	—	203.1	14.2
北京	33888.7	9907.7	14540.0	9940.1	—	—
浙江	29114.2	10724.4	16822.2	9.51	362.7	18.9
山西	23528.0	4772.7	7292.5	10814.6	55.0	26.9
辽宁	22927.0	8700.1	43440.3	25817.0	110.4	25.3
黑龙江	21162.7	288.9	14303.9	5936.3	329.5	4.1
天津	20890.4	10273.4	4686.7	5840.0	88.9	1.4
新疆	15633.5	4650.2	2151.1	8818.8	11.5	1.9
上海	13501.1	6670.0	6303.7	—	487.5	39.8
海南	4095.8	250.0	30.0	920.0	12.8	3.0
青海	3535.0	206.6	—	3326.8	1.8	—
贵州	719.8	180.4	513.3	4.4	21.6	0.1
广西	247.1	29.0	196.7	7.3	9.76	1.9

注：资料来源于农业部统计司。

从总体来看，全国各个地区设施园艺产业分布差异明显，地区发展不均衡，其中设施类型以日光温室和塑料大棚为主，分别达到33万hm^2和67万hm^2，分别占全部设施面积的9.43%和18.61%，相较于世界设施园艺产业发达国家，日光温室产业已经成为我国的一大特色产业。

3.2 设施花卉区域发展现状

3.2.1 我国花卉产业的规模与产值

据农业部全国花卉统计数据，我国2008年花卉产业种植面积775488.9hm^2，销售额666.96亿元，出口额3.99亿美元。20世纪90年代中期以来，我国花卉产业进入快速发展时期，从花卉种植面积上看，我国已经成为世界第一生产大国(表3-3)。

表3-3 2008年全国设施花卉产销情况

类型项目	种植面积 (hm²)	销售量单位	销售量	销售额 (万元)	出口额 (万美元)
合计	775488.9	—	—	6669594.8	39896.1
一、切花切叶	44079.3	万支	1304452.0	781106.8	20274.7
其中：鲜花	34667.7	万支	1017048.6	649468.1	15830.2
鲜切叶	5362.2	万支	223268.1	78694.2	3234.5
鲜切枝	3797.7	万支	62789.0	50116.8	1188.0
二、盆栽植物类	73823.4	万盆	451353.6	1951043.6	8462.3
其中：盆栽植物	42378.7	万盆	201889.0	1414810.8	5595.4
盆景	14987.0	万盆	20080.0	302970.0	1714.0
花坛植物	16374.6	万盆	228835.3	225216.2	1152.9
三、观赏苗木	424924.5	万株	971544.6	3047494.8	2228.8
四、食用与药用花卉	106610.1	kg	106550197.1	294162.9	645.1
五、工业及其他用途花卉	69259.5	吨	1206233.8	168504.0	2507.7
六、草坪	39346.8	万m²	57688.3	164489.3	
七、种子用花卉	6360.7	kg	874199.4	29922.7	778.7
八、种苗用花卉	12073.8	万株	226240.0	123501.5	3005.1
九、种球用花卉	4680.0	万粒	64753.1	77593.9	596.9
十、干燥花	24.3		394.6	9073.2	1281.5

注：资料来源于农业部。

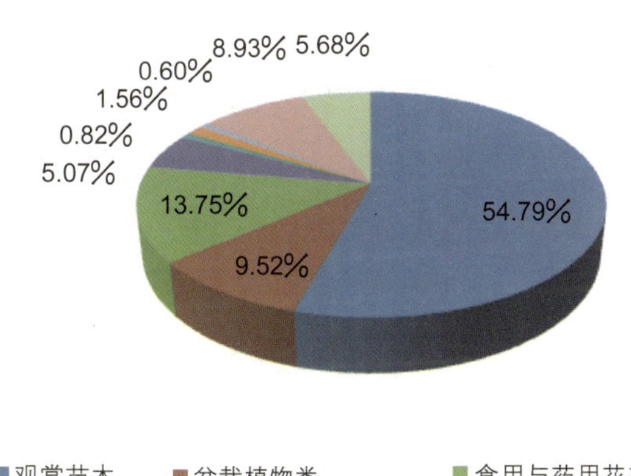

图3-4 不同花卉类型所占比例示意图

2008年切花切叶种植面积占总种植面积的比例在6%左右，盆栽植物占9.52%，观赏苗木约55%左右，草坪约5%左右，种子、种球、种苗约占4%，食用与药用花卉约占14%，观赏苗木、食用与药用花卉、工业及其他用途花卉是花卉产业的支柱产业，所占比例较大；从销售额上看，切花切叶销售额约占总销售额的比例在12%左右，盆栽植物约29%左右，观赏苗木约47%左右，草坪约2%左右，种子、种球、种苗约占3%，食用与药用花卉约占4%。由此可见，我国花卉业以传统的绿化苗木和盆栽植物为主，具有较大的发展潜力。相比之下，鲜切花的发展落后，仅占整个花卉业的10%左右。另外，盆栽植物和鲜切花是集约型生产，分别利用9%和6%的种植面积生产出高达29%和12%的产值。食用与药用花卉利用14%的生产面积，但产值仅占总销售额的4%，需积极推动鲜切花产业的发展。

受到综合因素的制约，全国各个城市和地区，设施花卉产业发展也呈现出较大的差异，区域发展布局也初步形成(表3-4)。

表3-4 全国各地花卉保护地栽培面积统计（hm^2）

地区	合计	温室	节能日光温室	大(中、小)棚	遮荫棚
	64042.43	15140.81	7964.23	27769.81	20351.558
北京	907.56	464.57	345.4	258.62	184.38
天津	684.07	167.62	142.62	433.15	83.3
河北	1632.25	692.41	594.49	803.57	136.268
山西	216.3	183.8	116.3	—	32.5
内蒙古	83.2	4.9	46.7	14.4	6.7
辽宁	6659	4108.5	3818	2181.1	369.4
吉林	673	500	3	150	20
黑龙江	540.8	308.4	220.8	232.4	—
上海	1641.1	874.9	63.8	518.9	247.3
江苏	3693.12	748.12	570.01	1219	1726
浙江	2974	139	37	2080	755
安徽	727	58	17.4	556	113
福建	3608.6	359.3	17.7	1617.1	1632.2
江西	2046	184	156.8	1806.6	55.4
山东	906.7	726.6	180.4	89.5	90.6
河南	2030	450	260	630	950
湖北	26.6	5.6	4.3	8.5	12.5
湖南	4495.7	101.9	5	285.8	4103
广东	12939.9	1172.7	464.8	6348.3	5418.9
广西	428	3.7	8	134.8	241.5
海南	1453.8	4.3	3.4	138.6	1310.9
重庆	62.12	7.96	1.98	22.2	31.96
四川	3677.3	874.8	281.7	1586.6	1215.9
贵州	508.2	163.2	1.7	221.3	123.7
云南	9279	1907.4	—	5755.1	949.4
陕西	1200	280	100	420	500
甘肃	517.5	349.7	239.9	151.2	16.6
青海	219.81	197.03	197.03	20.27	2.51
新疆	211.8	102.4	66	86.8	22.64

注：资料来源于农业部，2008。

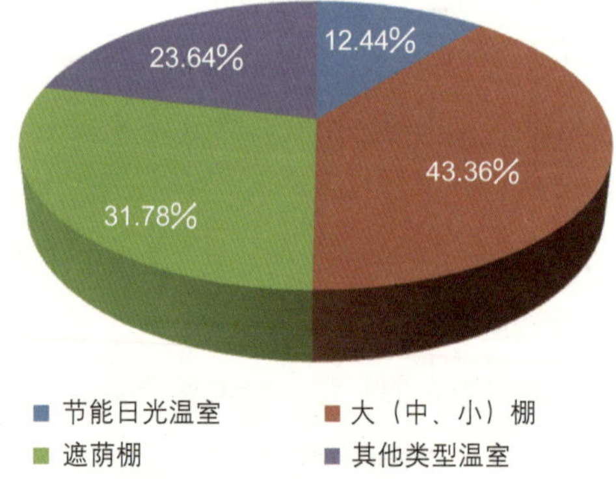

图3-5 不同设施类型在设施花卉栽培中所占的比例（农业部，2008）

从总体来看，设施花卉栽培中，大中小棚所占比例最大，达到了43.36%，其次为遮荫棚，为31.78%，节能日光温室分布最少，主要是局限在我国三北地区，尚有巨大的发展潜力。

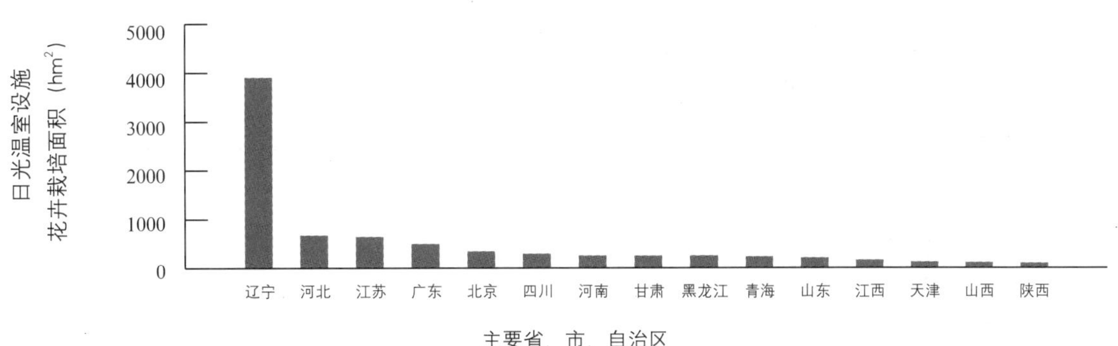

图3-6 全国主要省、市、自治区日光温室设施花卉栽培面积统计(农业部，2008)

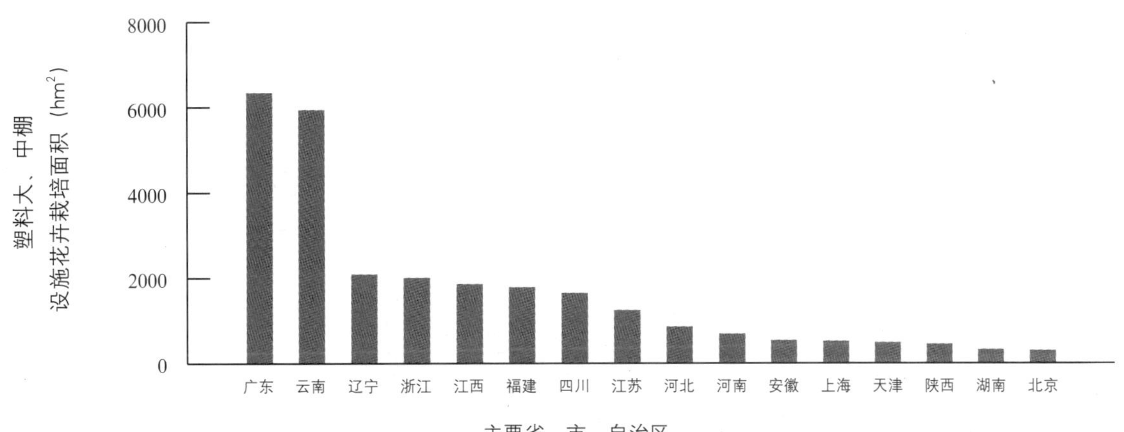

图3-7 全国主要省、市、自治区大、中棚设施花卉栽培面积统计(农业部，2008)

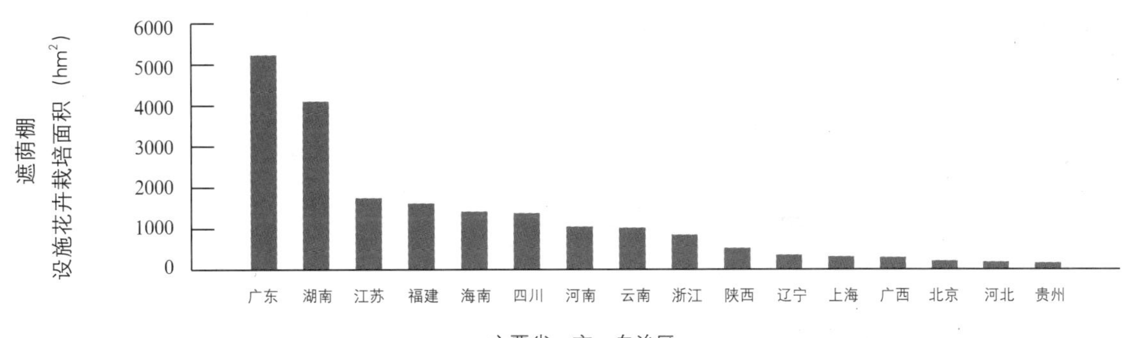

图3-8 全国主要省、市、自治区遮荫棚设施花卉栽培面积统计(农业部，2008)

从图3-6到图3-8中我们可以看出，不同的设施类型具有很强的地域分布性，设施花卉中，日光温室分布较为集中的为辽宁、河北、江苏、北京、四川、河南、甘肃、黑龙江等地，在排名前十位中，北方约占70%，地域特点明显；在大、中棚塑料大棚方面，主要分布于广东、云南、辽宁、浙江、江西、福建、四川、江苏、河北等地，在排名前十位中，南方占到约70%，与日光温室设施花卉形成较大反差，地域特色凸显；在遮荫棚方面，主要分布于广东、湖南、江苏、福建、海南、四川、河南等地，在排名前十位中，南方约占到80%。从整体上来讲，不同设施类型在地域分布上体现出很明显的差异，北方多以日光温室为主，南方多以塑料大中棚和遮荫棚为主，同时也能很明显地体现出地区产业基础的不同，对于我们的设施园艺产业的区域规划有很好的指导意义。

3.2.2 我国花卉产业的主营产品

经过多年的产业发展，我国设施花卉产品越来越丰富，但是结构比较单一，各个地区具有很大的雷同性，在一定程度上造成市场的不良性运转(表3–5)。

表3–5 2008年我国鲜切花主要品种产销情况

项目——品种	种植面积(hm^2)	销售量(万枝)	销售额(万元)
一、主要鲜切花			
月季	7387.6	341429.8	128401.8
香石竹	2657.6	180061.9	37533.2
百合	5372.6	97456.2	200996.6
唐菖蒲	2386.4	48420.2	25661.2
菊花	4499.6	122139.5	59122.2
非洲菊	2764.3	180825.9	44741.5
二、主要盆栽植物			
凤梨类	2741.4	9505.3	64053.8
兰花类	6439.5	63236.5	272442.0
红掌类	1971.4	8403.9	41776.1
观叶芋类	2810.2	9617.7	64805.3

目前世界上的花卉新品种基本上由荷兰、美国、日本、法国、德国、以色列等少数发达国家所控制，发展中国家所占有的比例极少。我国对进口花卉种源的过分依赖以及民族花卉种业基础的脆弱，是制约我国花卉产品走向世界和花卉产业持续稳定发展的瓶颈。由于我国花卉新品种的研发尚处于起步和发展阶段，目前花卉业的盈利主要靠廉价劳动力和优良的自然、气候和植物资源的维持以及对国外品种引进的依赖，在全球花卉产业链的利益分配中，我国仍处于被动的地位。应充分利用我国丰富的物种资源优势，不断开发和培育具有自主知识产权的高质量的品种，积极推动我国花卉苗木产业的现代化发展。

3.2.3 设施花卉经营实体

近年来，花卉产业得到迅速发展，成为全国20几个省市的支柱产业。

表3–6 全国各地花卉经营实体统计(农业部，2009)

地区	花卉市场(个)	花卉企业(个)		花农(户)	从业人员(人)	
		小计	大中型企业		小计	专业技术人员
	2928	55192	8378	1302240	3834441	146450
北京	37	267	81	1511	12235	1749
天津	23	75	27	3966	11082	1847
河北	283	750	109	59427	57119	4382
山西	142	234	18	5985	14962	1555
内蒙古	51	273	10	14956	31450	678

（续）

地区	花卉市场(个)	花卉企业(个)		花农(户)	从业人员(人)	
		小计	大中型企业		小计	专业技术人员
辽宁	59	667	183	42428	136912	4751
黑龙江	11	67	27	52346	130247	1806
上海	54	399	64	2181	9343	1359
江苏	168	4085	1142	28705	608736	8437
浙江	78	4876	1019	134833	345742	13730
安徽	128	1671	39	129545	252326	1531
福建	52	1566	299	27875	116914	7163
江西	31	1052	473	35620	77346	2258
山东	54	12110	270	34170	120150	6110
河南	187	2285	513	107851	317309	13341
湖北	55	143	35	9800	72000	296
湖南	274	1679	188	90246	301592	5796
广东	314	13322	2105	71841	235430	26630
广西	92	768	93	86954	36504	1359
海南	10	427	122	1040	10538	934
重庆	49	592	205	7804	91960	5624
四川	126	3695	287	102420	307430	10279
贵州	85	851	110	8543	29951	786
云南	140	1008	521	181785	225980	6745
陕西	238	820	300	20000	120000	5000
甘肃	136	1210	80	35381	32242	3900
青海	4	60	8	324	1523	82
新疆	27	80	20	703	2418	322

3.2.4 全国主要地区设施花卉产业分析

在全国的设施花卉产业中，盆栽植物占9.52%，鲜切花类占5.68%，分别列全国花卉产业的第三位和第五位，绿化苗木列第一位，食用与药用花卉和工业及其他花卉列第二位和第四位，但是不具有明显的地域差异，因此以鲜切花和盆栽植物为例，进行区域分析。

从图3-9中我们可以看出，切花月季、香石竹、百合、唐菖蒲、菊花和非洲菊在切花中栽培面积较大，应用广泛，占全部切花的72.31%，因此作为重点来进行讨论。

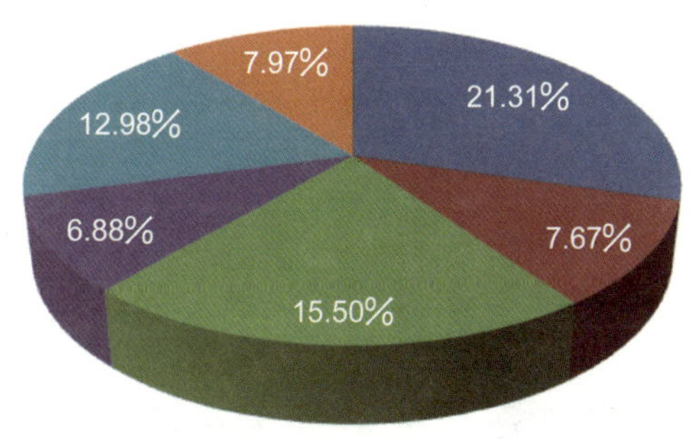

图3-9 不同切花类型种植面积所占比例统计

从图3-10A到图3-10G可以看出，在鲜切花类生产中，广东独占鳌头，云南、辽宁、四川、江苏、浙江、陕西、海南、福建、湖南、上海、北京等紧随其后，由于天然的气候优势，南方省份居多；

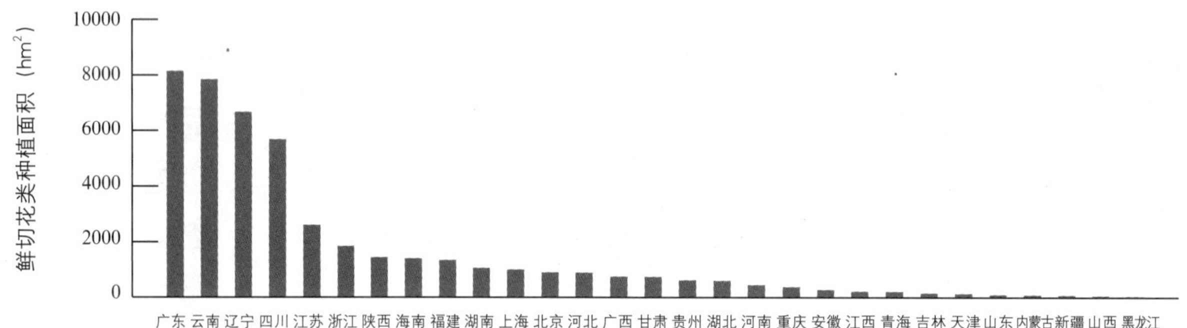

图3-10A 主要省、市、自治区鲜切花类(鲜切花、切枝、切叶)种植面积(hm^2)(农业部，2008)

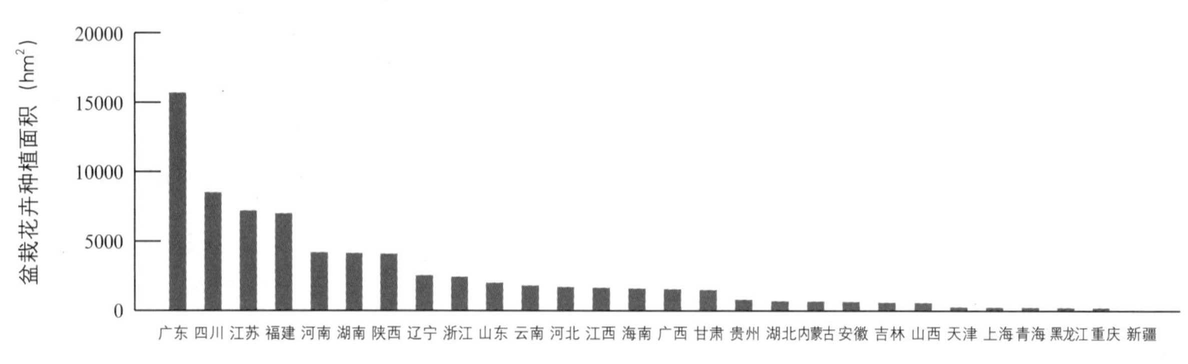

图3-10B 主要省、市、自治区盆栽植物种植面积(hm^2)(农业部，2008)

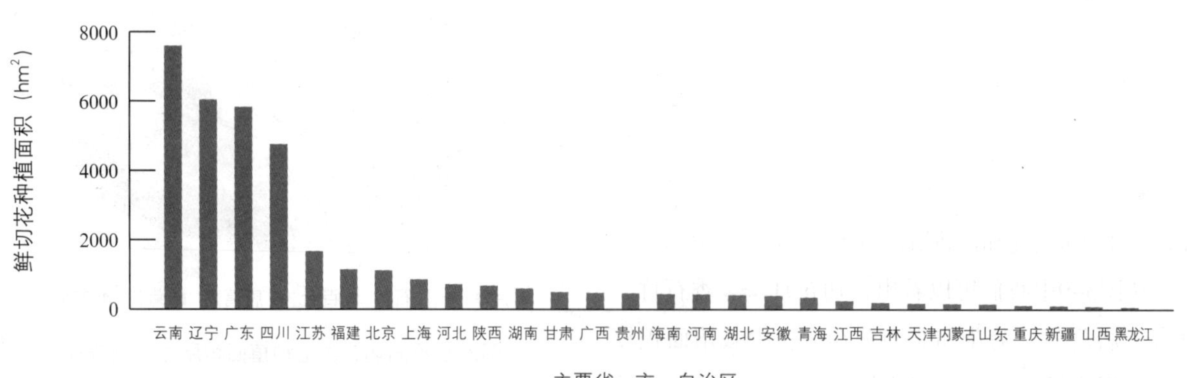

图3-10C 主要省、市、自治区鲜切花种植面积(hm^2)(农业部，2008)

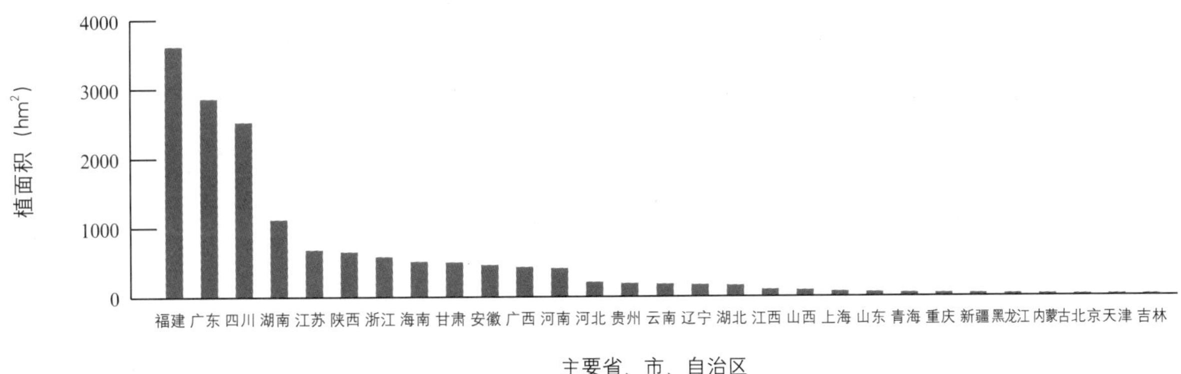

图3-10D 主要省、市、自治区盆景植物种植面积(hm^2)(农业部，2008)

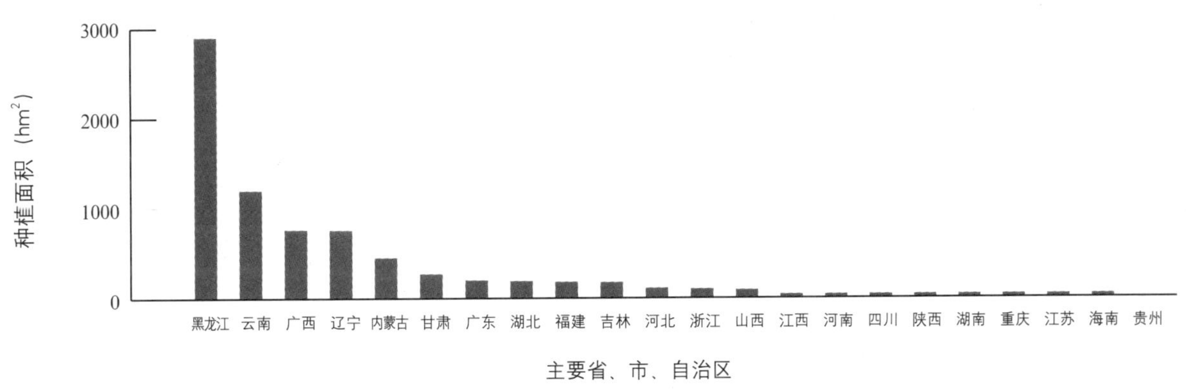

图3-10E 主要省、市、自治区工业及其他用途种植面积(hm^2)(农业部，2008)

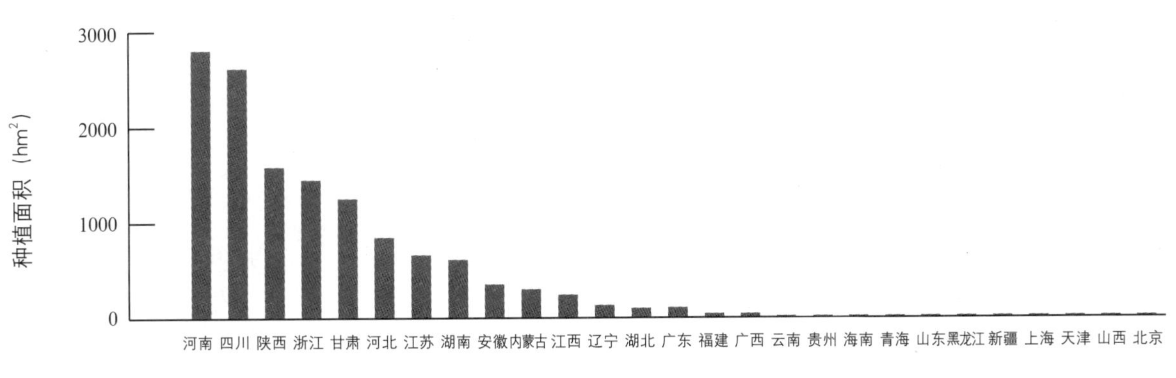

图3-10F 主要省、市、自治区种子用花卉种植面积(hm^2)(农业部，2008)

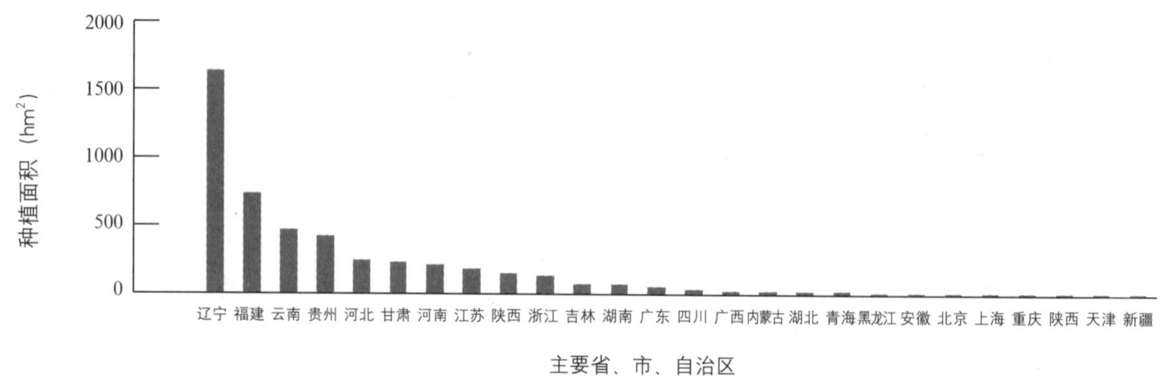

图3-10G 主要省、市、自治区球根花卉种植面积(hm^2)(农业部，2008)

在盆栽植物生产方面，广东依然排名第一，四川、江苏、福建、河南、湖南、陕西、辽宁、浙江、山东、云南排名前几位，河南地区是我国北方最大的花卉苗木生产中心，具有良好的小气候，可以作为南方植物向北方过渡的中试线，陕西汉中地区也具有较好的环境条件，近年来发展迅速；鲜切花生产方面，云南、辽宁、广东、四川、江苏、浙江、福建、北京等地区是我国的产业中心，云南一直以来都是我国最大的鲜切花生产中心，具有得天独厚的地域优势，并不断发展壮大；在盆景植物方面，福建、广东、四川、湖南、江苏、陕西、浙江排名前几位，作为中国特色的盆景艺术，近年来得到了快速的发展，屡次在花博会上崭露头角，已经成为地区的特色产业，需要分情况重点扶持；在工业及其他用途花卉生产方面，黑龙江排名第一，云南、广西、辽宁、内蒙古、甘肃、广东、湖北排名紧随其后，在传统花卉生产方面，如鲜切花、盆花、球根花卉方面，各地区依靠本地的气候优势，已经形成了品牌效应，且形成了一定的市场，资源并不具备优势的地区很难快速发展，因此各地区应该发挥本地的特长，抓住当地特色，伺机发展；种子用花生产方面，河南排名第一，四川、陕西、浙江、甘肃、河北排名二到六位，河南、陕西、甘肃、河北等地区，土地资源丰富，劳动力成本相对较低，因此具有一定的产业优势；球根花卉方面，辽宁排名第一，新疆、云南、贵州、河北、甘肃、河南、江苏、陕西排名随后，球根花卉要求气候冷凉，以百合为例，湖南、四川、河南、山东、河北为主产区，海拔2200~2500m，降雨量低于1000mm，pH值6~7，温度15~25℃，气温高于28℃时生长会受到抑制，土壤有机质含量高的沙质壤土为百合的最佳栽培环境，因此云南西北地区、东北沿海地区、甘肃黄河沿岸、陕西及浙江的部分地区为百合生产最佳地域；因此在设施花卉生产的区域规划上，要充分考虑地区气候条件、市场条件、产业基础等综合因素，做到因地制宜。总体来讲，设施花卉产业对设施环境条件要求较高，生产成本较高，因此南北相比，南方城市年均温较高，生产成本相对较低，具有较大的产业优势。

从图3-11A到图3-11I我们可以看出，切花月季方面，云南、广东、辽宁、四川、北京和甘肃列前几位，其实按照单位面积的产值来讲，北京地区并不是非常适合切花月季的生产；香石竹方面，云南、广东、辽宁、四川、湖南和江苏列前几位，与月季相比并无较大变化；百合生产方面，辽宁超越云南排名第一，云南、广东、江苏、福建和北京排名次之；同时唐菖蒲类似，辽宁独占鳌头，广东、江苏、云南、上海紧随其后；菊花方面，广东、四

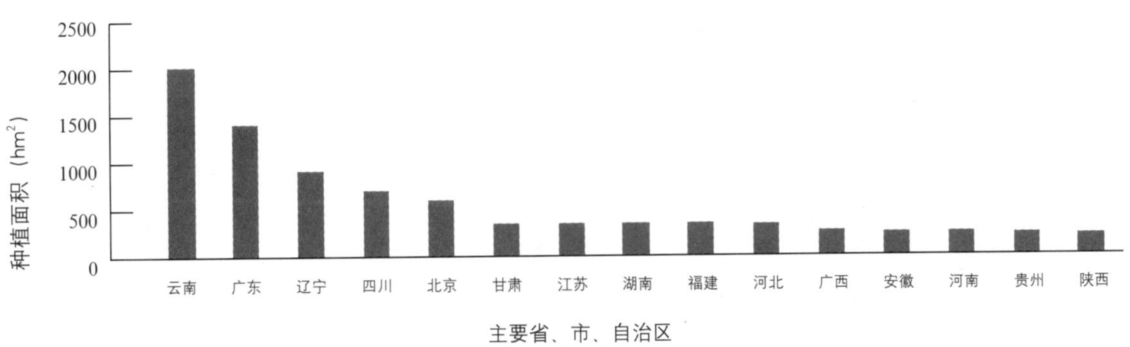

图3-11A 主要省、市、自治区切花月季种植面积(hm²)(农业部统计司，2008)

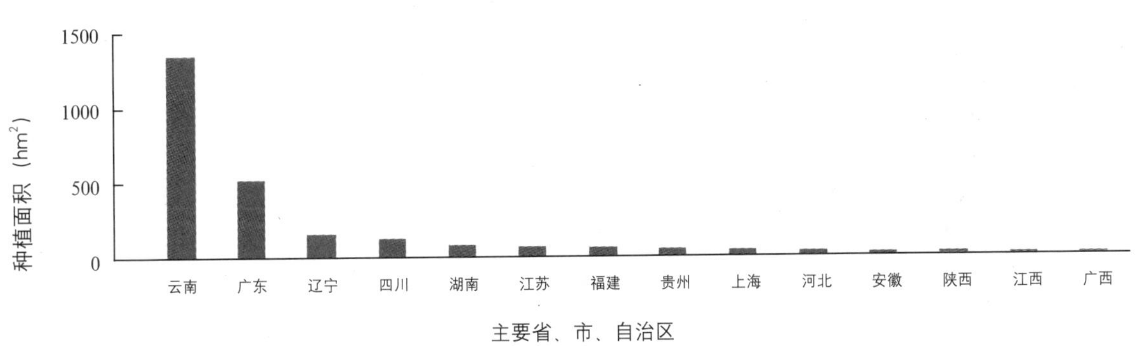

图3-11B 主要省、市、自治区切花香石竹种植面积(hm²)(农业部统计司，2008)

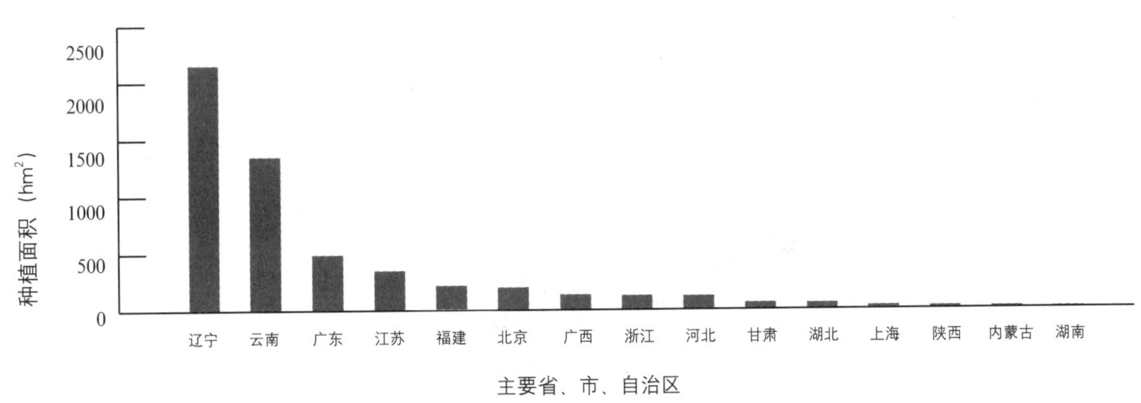

图3-11C 主要省、市、自治区切花百合种植面积(hm²)(农业部统计司，2008)

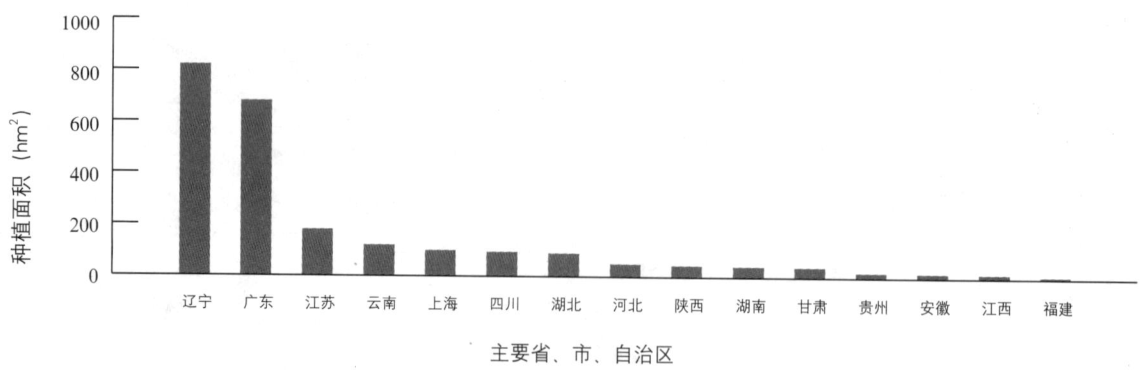

图3-11D 主要省、市、自治区切花唐菖蒲种植面积(hm²)(农业部统计司，2008)

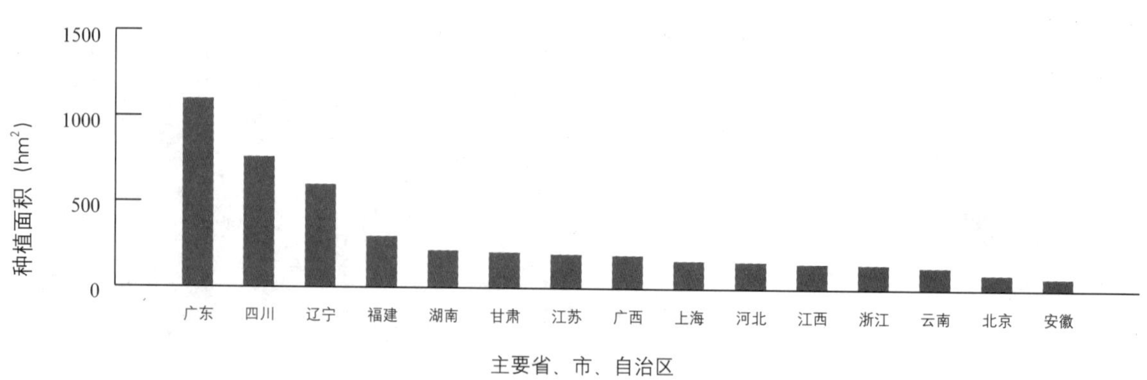

图3-11E 主要省、市、自治区切花菊花种植面积(hm²)(农业部统计司，2008)

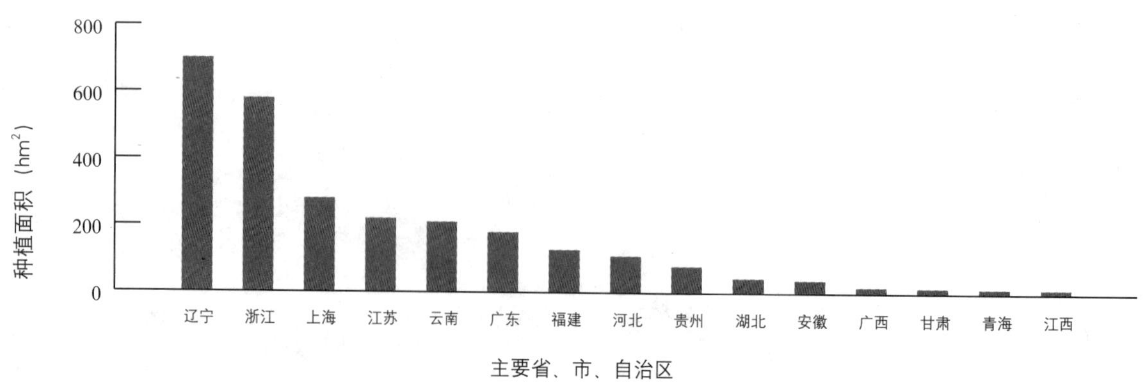

图3-11F 主要省、市、自治区切花非洲菊种植面积(hm²)(农业部统计司，2008)

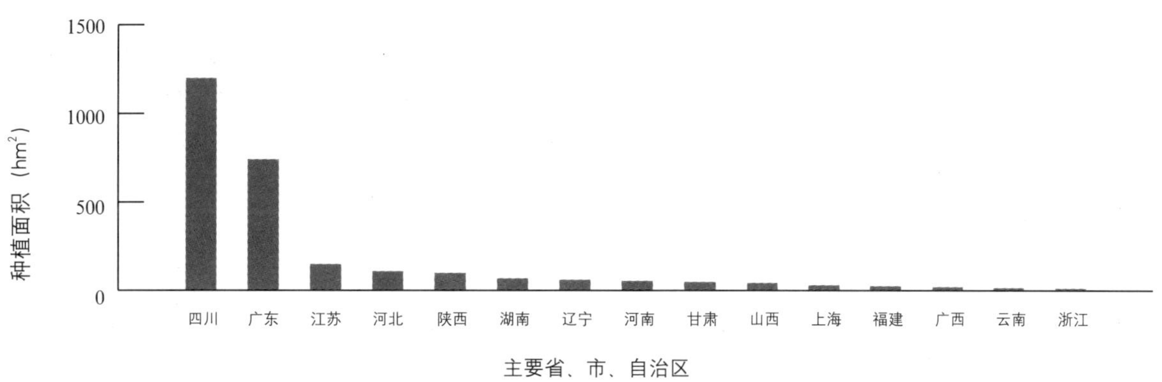

图3-11G 主要省、市、自治区盆栽凤梨属种植面积(hm^2)(农业部统计司，2008)

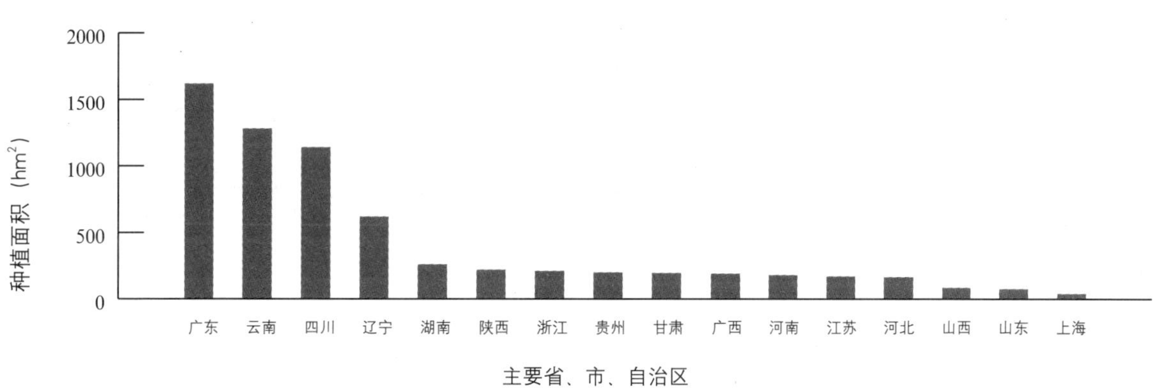

图3-11H 主要省、市、自治区盆栽兰属种植面积(hm^2)(农业部统计司，2008)

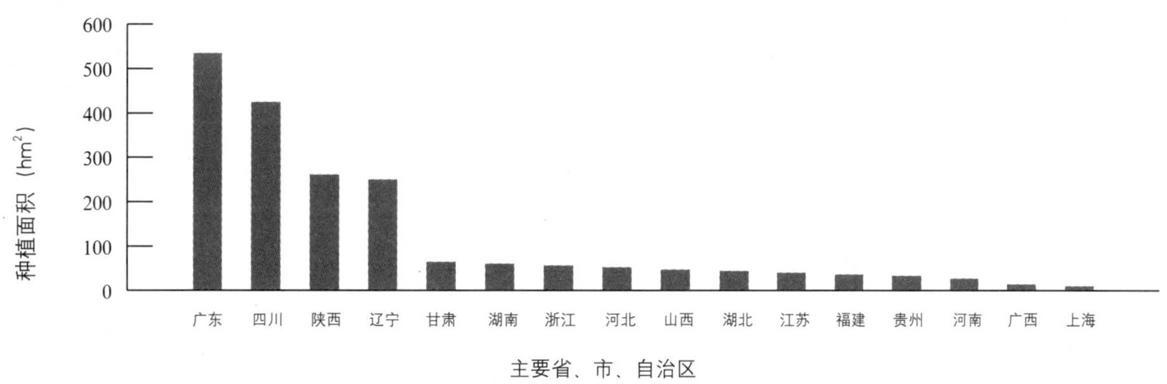

图3-11I 主要省、市、自治区盆栽花烛种植面积(hm^2)(农业部统计司，2008)

川、辽宁、福建和湖南种植面积较多；非洲菊方面，辽宁、浙江、上海、江苏、云南和广东分布面积较广。在盆花生产方面，四川、广东盆栽凤梨较多；广东、云南、四川、辽宁在盆栽兰花类方面占前四位；广东、四川、陕西、辽宁在盆栽花烛方面有较大优势。从总体来讲，现阶段已初步形成以云南、广东、辽宁、四川为主的鲜切花生产中心，以广东、四川、江苏、福建为主的盆栽植物类(包括盆景)生产中心，以云南、辽宁、广东、四川为中心的盆花植物生产中心；以福建、广东、四川为中心的盆景植物生产区；以广东、四川、浙江、江苏、河北、河南、山东为主的绿化苗木生产中心，以上海、浙江、云南、四川为主的花卉种苗生产中心。从花卉统计数据看，观赏苗木仍然占据我国花卉生产的一半，浙江、河南、江苏、四川、河北、山东分列前几位；青海省以盆栽植物生产面积最大；黑龙江、内蒙古、云南、辽宁4省区以工业用花卉种植面积最大；天津、上海、甘肃、北京则是草坪所占比例最大；贵州、宁夏、广西以食用药用花卉种植面积最大。

在全国鲜切花生产经营综合实力中，云南占28.70%，居全国首位，其中切花月季和香石竹栽培也为全国最多；在全国的切叶生产经营的综合实力中，浙江占34.10%，居全国首位；在全国盆花生产经营的综合实力中，广东占29.28%，居全国首位；同时盆栽兰花类、花烛属、凤梨类种植面积全国最多，唐菖蒲全国第二；在全国的盆栽观叶植物生产经营的综合实力中，广东占41.07%；在全国的盆景生产经营的综合实力中，广东占51.08%，超过全国总数的一半，高居全国首位。从地域分布来看，我国南方地区，以云南、四川、广东、福建、江苏、浙江为花卉生产中心，北部华北地区以北京为中心，西北地区以甘肃为中心，东北以辽宁为中心，同时各具特色。

3.3设施园艺区域发展分析

3.3.1华北地区

华北地区位于北纬32° ~42°，东经110° ~120° ，位于大兴安岭、青藏高原以东，内蒙古高原以南，秦岭淮河以北，东临渤海和黄海。北部大致以≥10℃积温，3200℃(西北段为3000℃)等值线、1月平均气温-10℃(西北段为-8℃)等值线为界；南部大致以秦岭淮河线，相当于≥10℃积温4500℃、1月平均气温0℃等值线、800mm年等降水量线为界，同时是亚热带与暖温带、温带季风气候与亚热带季风气候、湿润地区与半湿润地区的分界线。

表3-7 2007年华北地区地理区位和气候条件

地区	北京	天津	河北	山西	内蒙古
纬度	N39° 54'~41° 03'	N38° 34'~40° 15'	N36° 01'~42° 37'	N34° 34'~40° 43'	N37° 20'~53° 20'
年均降水量(mm)	626	520~660	400~800	400~650	50~500
无霜期(d)	180~200	196~246	110~220	135~220	92~95
年均温(℃)	14	11.4~12.9	4~13℃	3~14℃	3~6℃
年均日照时数(h)	2627.7	2500~2900	2400~3100	2070~2973	2700~3400

源自：各地区统计年鉴，2007。

华北地区属温带季风气候，冬季受蒙古高压影响，偏北风，寒冷少雨，夏季受夏威夷高压影响，偏南风，高温多雨。春季干旱，雨季较短(表3-7)。

华北地区设施园艺产业发展迅速，设施园艺总面积约为61.45万hm^2，占全国设施园艺总面积的20%

左右，华北地区光照资源丰富，是日光温室的重点发展区域。

表3-8 2008年华北地区各省市设施园艺不同设施类型面积统计（hm^2）

地区	设施总面积	塑料大棚	小拱棚遮阳网	日光温室	塑料连栋温室	玻璃PC板连栋温室
河北	501265.56	109388	214107	176088	341.39	7.17
天津	20890.37	4686.69	10273.38	5840.03	88.89	1.38
北京	33889	14541	9908		9440	
山西	23528.03	7292.52	4772.74	10814.62	55.01	26.92

3.3.1.1 北京

截至2009年底，花卉保护地种植面积达到907hm^2，其中智能温室面积为94hm^2，日光温室为345hm^2，遮荫棚为184hm^2。从事花卉生产经营的大小企业达5000余家，从业人员3 万多人，其中直接从事花卉生产的大中小型企业达190多家，大型企业占25%，花卉营销网点达1500多个，总经营面积达11.8万m^2， 其中经营面积400m^2以上的大型花卉交易批发市场22家，莱太、玉泉营、亮马河等是全国重点花卉交易市场。

北京通州区西集镇设施桃

北京通州区西集镇设施大樱桃

北京市昌平区兴寿镇设施草莓

图3-12 北京地区设施果树

表3-9 2009年北京地区不同设施栽培作物栽培面积统计(hm^2)

设施类型	蔬菜	花卉	切花	盆花	瓜果	水果	其他	合计
温室	8290	544	183	355	403	186	17	9440
大棚	11510	367	143	217	2525	83	56	14541
中小棚	6661	143	21	120	2859	55	190	9908
合计	26461	1054	347	692	5787	324	263	33889

注：资料来源于各地方统计年鉴。

表3-10 2009年北京设施花卉产业发展概况

1、花卉(保护地)种植面积(m^2)	9075629
其中：控温温室(现代温室) (m^2)	936267
日光温室(m^2)	3453984
遮荫棚(m^2)	1843774
大中小棚(m^2)	2586200
组培室(m^2)	14046
2、花卉市场(个)	59
3、花卉企业(个)	267
其中：大中型企业(个)	81
4、花农(户)	1511
5、花卉从业人员(人)	12235

表3-11 2009年北京设施花卉产业发展概况

指标名称	单位	种植面积(hm^2)	产量(万)	产值(万元)	销售量(万)	销售额(万元)
全部花卉合计		3821.91		91578		69988
(一) 切花切叶切枝	支	835.01	4904.65	13835	8254.52	10849
1、鲜切花	支	796.11	4320.68	10767	8006.72	9773
月季	支	497.94	1733.04	1115	1692.12	970
香石竹	支	1.40	14.53	26	14.53	27
百合	支	151.45	799.14	5406	771.8	5235
唐菖蒲	支	5.16	57.65	108	52.65	104
菊花	支	80.01	621.95	1021	606.3	932
非洲菊	支	10.50	147.20	418	135.26	389
2、鲜切叶	支	8.90	88.97	118	47.8	76
3、干花	支	30	495.00	2950	200	1000
(二)盆栽植物	盆	1377.15	12586.33	58992	10463.11	48845
1、盆花	盆	1306.96	11766.22	52517	9792.61	43233
2、盆景	盆	7.36	99.64	1849	85.63	1339
3、观叶植物	盆	62.84	720.46	4626	584.86	4274
盆栽植物中：凤梨类	盆	1.94	27.39	959	23.90	870
兰花类	盆	22.27	179.24	2359	171.33	2265
花烛属类	盆	6.54	98.90	2210	68.24	1789
观叶芋类	盆	11.33	47.76	1503	44.76	4993
盆栽植物中：花坛植物	盆	369.02	4264.77	5412	3413.44	1386

（续）

指标名称	单位	种植面积 (hm^2)	产量(万)	产值 (万元)	销售量(万)	销售额 (万元)
(三) 观赏苗木	株	650.52	1267.80	7373	397.11	3160
(四) 食用及药用花卉(干重)	kg	224.11	37.00	900	32.00	800
(五) 花卉用种子	kg	0.53	6.21	489	6.21	488
(六) 花卉用种苗	千株	28.81	65.25	1761	0.17	981
(七) 花卉用种球	千粒	21.02	0.24	966	0.03	440
(八) 草坪		684.73	940.82	7263	662.79	4425

注：资料来源于各省、自治区统计年鉴。

北京丰台区盛芳园艺盆栽凤梨、花烛

北京海淀区大东流国家级苗木中心盆栽花烛、蝴蝶兰

北京顺义区切花百合栽培

图3-13 北京地区设施蔬菜、花卉及应用设施类型

北京设施园艺生产，经过十多年的发展，已形成两大产品系列，一是以西红柿、甜椒、黄瓜为主产品的蔬菜系列，其产量2007年已达76.8万吨；二是以西瓜、甜瓜、草莓为主产品的瓜果系列，其产量2007年为15.6万吨。其中，大兴西瓜已发展成为该系列中的品牌产品，其产量占全市西瓜上市总量的2/3。北京特菜种植面积达5713hm^2，发展了13个特菜示范基地。北京市蔬菜种植面积达到9万hm^2，年蔬菜产量45亿千克，蔬菜产业已成为北京郊区农民增收致富的主要途径之一。目前已经筛选的专用品种60个(硬质番茄品种3个、樱桃番茄4个、耐热生菜品种6个、彩色甜椒品种4个、水果型黄瓜品种3个、胡萝卜品种6个、百里香等芳香类蔬菜品种34个)；规范了鼠尾草、百里香、法国香芹等20种新引进专用品种的生产技术(韩向阳等，2006)。

2008年北京各区县共新发展设施果树88.87hm^2，比去年增长63.5%，其中温室63.28hm^2，964个，钢架大棚16.85hm^2，212个，涉及农户321户，总投资8254.8万元，其中农民自筹7182.99万元，贷款21万元，市区县乡补助1051.81万元，农民自筹，贷款资金占总投资的87.3%，按树种分，今年新建葡萄栽培设施27.8hm^2，主要分布在顺义、延庆及房山，桃24.8hm^2，以房山和平谷为主；草莓22.9hm^2，以昌平、海淀、顺义为主，另外还新建5.6hm^{2}的枣，4.6hm^{2}的樱桃以及杏、梨、枇杷等其他果树3.13hm^2。按区县分，房山新建25.75hm^2，404个，顺义17.73hm^2，161个，昌平9hm^2，214个，大兴8.6hm^2，88个，延庆6.67hm^2，100个，上述5个县市占全市新发展设施果树面积的76.3%。

3.3.1.2 河北

河北省现有各种温室752.3万个，规模501265.56万m^2，其中玻璃连栋温室0.02万个，7.17万m^2，塑料连栋温室0.28万个，341.39万m^2，塑料大棚164.3万个，109388万m^2，日光温室264.4万个，176088万m^2，小拱棚、遮荫棚321.2万个，214107万m^2，其他温室2.1万个，1334万m^2。在2006年，全省设施果菜面积达到50.067万hm^2，位列全国第二，设施蔬菜占全部蔬菜生产的40%以上。

区域布局也已经形成，全省花卉业主要分布在5个区域,且各具特色，一是环北京的保定、廊坊两市,以观赏苗木、盆花、干花及鲜切花等为主,其优势产品为北海道黄杨和彩色花灌木等观赏苗木、仙客来盆花、果树盆景、干花工艺制品、切花菊等，主要龙头企业有燕赵园林、保定金萨、廊坊润绿等；二是环省会石家庄市周围，以盆栽植物和观赏苗木等为主，其优势产品为仙客来、火鹤、蝴蝶兰等盆花；三是冀东北的唐山、秦皇岛两市,以盆花及鲜切花、观赏苗木等为主,其优势产品为仙客来和一品红等盆花、非洲菊和百合等切花；四是冀南的邯郸、邢台两市，以观赏苗木、药用花卉和盆栽植物等为主，其优势产品为金银花和月季等；五是张家口、承德两市，以野生花卉、盆栽植物和盆景等为主，其优势产品为仙客来和大丽花等盆花、干枝梅、灵芝盆景等。

河北省果菜日光温室最佳发展区域在唐山、秦皇岛、廊坊、沧州、衡水5市大部，邢台东部、保定中东部、石家庄个别县、承德局部；较适宜区域在石家庄、邢台两市中部，邯郸大部；不适宜区域在张家口、承德两市大部及保定、石家庄、邢台、邯郸4市西部太行山区。

3.3.1.3 河南

河南省目前有各种设施面积40201万m^2，其中塑料大棚18.05万个，12908.5万m^2，日光温室6.65万个，10318.0万m^2，小拱棚、遮荫棚14.25万个，16974.5万m^2，其中以设施蔬菜为主，约占95%，花卉果木占2%。设施蔬菜26.67万hm^2，产值320亿元，占全部蔬菜总产值的50%。

3.3.1.4 天津

目前全市种植业设施生产面积已超过3.33万hm^2，占全市蔬菜种植面积的65%以上。截至目前，今年天津市已建成设施农业0.83万hm^2，在建559.33hm^2，预计到年底将建成0.867万hm^2以上。今年前三季度，天津市设施蔬菜播种总面积达到2.176万hm^2，蔬菜总产量达到126.4万吨，总产值达到16.03亿元。设施生产发展面积最大的是武清县，占全市设施生产面积的23%，其次是西青区和东丽区，一般设施生产的品种大多为黄瓜、西红柿、甘蓝、青椒等。津南区以南菜北种为主，将南方的各种叶菜、苦瓜、西兰花等作为主栽品种；武清县以甜瓜、冬瓜等瓜类蔬菜为主，西青区除设施园艺生产外，花卉业也有较大的发展。

3.3.2 西北地区

我国西北地区跨越东经73°32′~110°15′，北纬31°4′~49°10′之间，土地总面积309.3万km^2，是我国面积最大的地区，占全国总面积的32.2%。经过近30年的发展，西北地区设施园艺面积目前为17.16万hm^2，其中温室面积为9万hm^2。栽培品种丰富，设施类型多样，并研发形成了自己的地域特色的设施类型。设施类型中日光温室主要有拱圆型日光温室，圆弧型日光温室，琴弦式日光温室，以及其他的一些特殊类型的温室结构。

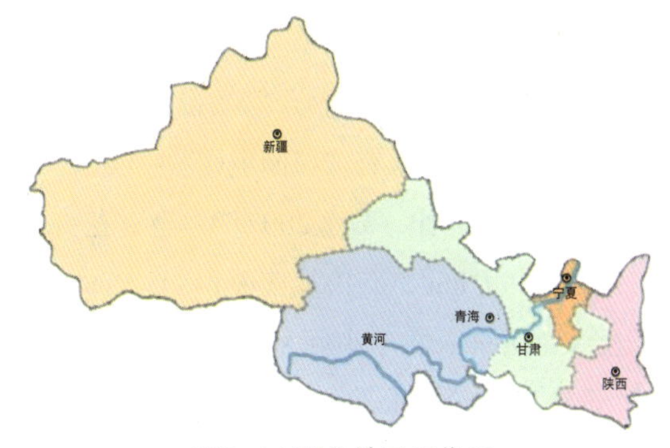

图3-14 西北地区区位图

表3–12 西北地区各省、自治区基本气候状况

	新疆(2003)	陕西(2003)	甘肃(2003)	宁夏(2000)	青海(2000)
纬度	N34°25′~49°10′	N31°42′~39°35′	N32°11′~42°57′	N35°14′~39°14′	N31°4′~39°19′
年均降水量(mm)	44.2~222.6	837.0	300	110~214	411.9
无霜期(d)	135	232	211	181	12~236
年平均气温(℃)	7~12.1	12.8	8.4	9.08	6.1
年均日照时数(h)	2682~3163	1842.9	1700~3300	2364~3192	2499.4

注：资料来源于地方统计年鉴，2007。

表3–13 西北地区土地面积与设施面积

类型	新疆	陕西	甘肃	宁夏	青海
总面积(万km²)	166.49	20.58	45.44	5.18	72.23
耕地面积(万亩)	6055.8	6363	38100	1932.09	917.4
设施面积(万亩)	61.2	130	92	64.2	10
温室面积(万亩)	20	38	35	38	4

注：资料来源于各省、自治区统计年鉴，2007。

根据调查研究和各方面综合分析，结合当地自然条件，以北山和秦岭为界，陕西省设施园艺产业重点规划为3个区域：陕北高原设施发展区，关中平原设施发展区，秦巴山地设施发展区。陕北，包括榆林、延安和铜川部分地区；关中，包括宝鸡、咸阳、铜川、渭南、西安；陕南，包括安康、汉中和商洛。在设施类型上来说，陕北主要是日光和塑料大棚，关中主要为连栋温室、日光温室和塑料大棚，陕南为塑料大棚、中棚和小棚。陕北设施面积约为30%，关中、渭北地区为50%，陕南为10%左右。

3.3.2.1 陕西省

陕西省南北狭长，横跨4个气候带，花卉资源丰富，特别是秦岭山脉素有“花园宝库”的美誉。

据农业部门统计，截至2007年，全省花卉及绿化苗木面积0.9万hm^2，其中设施面积503万m^2，日光温室达到150万m^2，大中小棚为256万m^2，遮阳棚100万m^2。设施蔬菜7.33万hm^2，设施果树面积达到4万hm^2左右，区域规模不断壮大。

表3–14 花卉保护地栽培情况

	总面积(万m^2)	切花(万m^2)	盆栽植物(万m^2)
加温温室	25.4	6.9	15.4
进口温室	6.9	1.0	6.8
日光温室	91	46	45
大(中、小)棚	169.5	98	71.5
遮荫棚	24	10	14
合　计	316.8	161.9	152.7

注：资料来源于陕西省农业厅，2008。

3.3.2.2 甘肃省

据统计，到2007年底，全省各类花卉栽培面积达到1.02万hm^2，保护栽培面积943.82hm^2，设施蔬菜种植面积为6.4万hm^2，日光温室为2.53多万公顷。到目前为止，甘肃省已构建起以兰州为中心，以定西、武威、天水、陇南、临夏为中心的鲜切花、种球、种苗、盆景、绿化苗木等生产基地70余处，并形成了河西走廊、沿黄灌区、泾河、渭河流域和徽(徽县)成(成县)盆地集中的五大蔬菜产业区。

西安鼎天济农大花蕙兰　宝鸡市眉县西部兰花　陕西兴平市盆栽一品红　陕西西部兰花基地盆栽红掌

图3-15 陕西地区主要设施栽培作物

表3-15 不同花卉类型设施种植面积统计

	种植面积(hm²)	销售量单位	销售量	销售额(万元)
合计	9000			70000
一、切花切叶	446	万枝	6700	15000
其中：鲜切花	285	万枝	4000	9500
鲜切叶	31	万枝	600	1800
干　花	130	万枝	2050	3850
二、盆栽植物	860	万盆	8600	15000
其中：盆花	550	万盆	8300	5080
观叶植物	80	万盆	250	5000
盆景	230	万盆	50	5500
三、观赏苗木	4500	万株	7000	23000
四、食用与药用花卉	530	kg	200000	2150
五、工业及其他用途花卉	160	kg	155000	2000
六、草坪	205	千m²	1800	1800
七、种子用花卉	178	kg	8800	1430
八、种苗用花卉	485	万株	5500	4150
九、种球用花卉	92.7	万粒	2800	3150

注：资料来源于陕西省农业厅，2008。

陕西西安杨凌钢管装配式塑料大棚

陕西宝鸡市燃灯寺村水泥结构塑料大棚

陕西咸阳市泾阳县两面土墙塑料大棚

图3-16 陕西地区主要设施类型

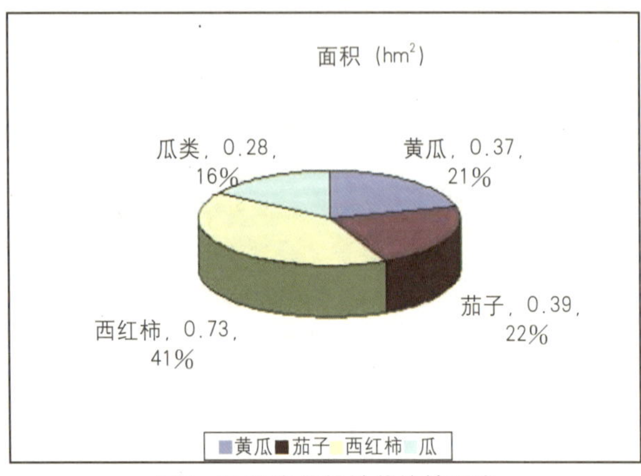

图3-17 花卉保护地栽培情况表

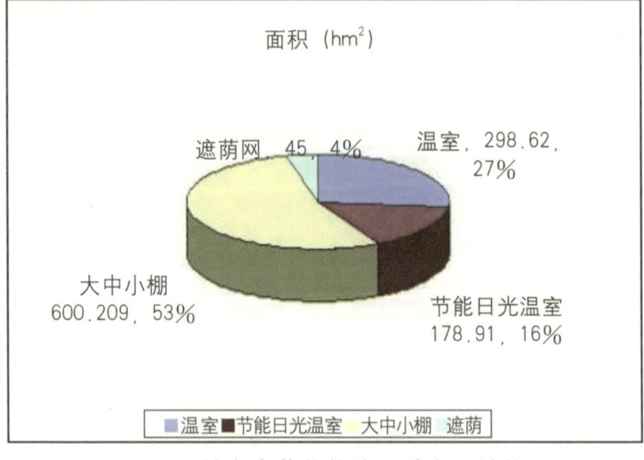

图3-18 甘肃省蔬菜栽培品种产品结构图

表3-16 2008年甘肃省设施园艺发展情况

温室类型	数量(万个)	规模(万m^2)	总投资(万元)	政府投资(万元)	年产值(万元)	从业人数(人)
玻璃/PC板连栋温室	0.0563	29.31	25235	2590	2881	861
塑料连栋温室	0.0135	17.978	1888.25	1090.25	308.6	323
塑料大棚	93.96	25941.54	132419.6	34705	222355.05	921654
日光温室	36.757	19312.83	370445.58	39410.6	269424.97	509525
小拱棚、遮荫棚	51.08	8435.05	53815.56	2538	39104.7	237836
合计	181.8668	53736.718	574105.23	80333.85	534074.32	1670199

表3-17 甘肃省花卉产销情况表

	种植面积(hm^2)	销售单位	销售量	销售额(万元)
合计	10021.2			50498.4
鲜切花类	667.4	万枝	10691.7	9481.3
其中：鲜切花	581.8	万枝	10114.0	8888.7
鲜切叶	60.6	万枝	376.2	350.8
鲜切枝	25.0	万枝	201.5	241.8
盆栽植物类	304.1	万盆	2654.3	15679.8
其中：盆栽植物	183.3	万盆	1904.9	9143.5
盆景	54.2	万盆	258.1	3097.2
花坛植物	66.6	万盆	491.3	3439.1
观赏苗木	944.6	万株	3686.7	6724.6
食用与药用花卉	997.8	kg	587930.7	3409.9
工业及其他用途	1768.4	吨	1409948.4	3353.8
草坪	3037.6	hm^2	224.0	896.6
种子用花卉	1399.1	kg	497412.5	6374.0
种苗用花卉	558.7	万株	3723.1	1655.1
种球用花卉	342.8	万粒	6643.9	2923.3

注：资料来源于甘肃省农业厅，2008。

甘肃定西地区临洮县美兰花卉大花君子兰盆栽

甘肃天水航天育种仙客来

甘肃天水紫背天鹅绒竹芋

甘肃天水肾蕨盆栽
甘肃天水高新技术示范区
甘肃天水科技示范园水果黄瓜
甘肃天水科技示范园‘银铃’甜瓜
陕西西安渭滨区燃灯寺村大棚番茄
陕西西安阎良县大棚西甜瓜

图3-19 西北地区主要设施栽培作物

3.3.2.3 宁夏回族自治区

全区设施农业总面积达到4.267万hm^2，其中日光温室2.82万hm^2，占全国日光温室面积的4%，占西北地区日光温室面积的25%；大中拱棚0.747万hm^2，小拱棚0.7万hm^2。设施蔬菜面积2.78万hm^2，产量181.9万吨，占全区蔬菜总产量的71.4 %。在花卉方面，园林花卉苗木基地面积达0.33万多公顷，其中PC 温室25000m^2。花卉种类相对还较少，以蝴蝶兰、一品红、红掌、百合等鲜花为主。

3.3.2.4 新疆

设施栽培目前在新疆的各个地州均有分布，50%以上设施面积相对集中，如乌鲁木齐市、石河子市、哈密市、吐鲁番市、和硕县以及南疆的个别市县等。近年来，新疆花卉业发展势头良好，花卉生产品种和数量不断增加。据自治区林业厅提供的数据表明：新疆花卉种植面积已达0.567万hm^2，形成了乌鲁木齐、昌吉、库尔勒等几大花卉生产销售重点区域，花卉产业的年产值达4.25亿元。2007年，新疆花卉的出口额为1亿元，而毗邻的中亚市场正是新疆花卉产业非常合适的一个出口地。

3.3.3 华东地区

华东地区城市化率全国最高，而华东城市居民消费与东北、华北、西北大不相同，华东城市属于南方多样化小品种高消费区。江苏、浙江、福建、山东、安徽、江西、上海六省一市是目前我国花卉产业较为发达的地区，花卉交易市场较其它地区相对繁荣，六省一市大约有近700个花卉市场，其中江苏160 多个、山东300多个、浙江80 多个、江西20多个、安徽20 多个、福建20 多个、上海50 多个，占全国花卉市场的四分之一。

表3–18 华东地区基本气候状况

	上海	江苏	浙江	安徽	福建	江西	山东
纬度	N30°40′~31°53′	N30°45′~35°20′	N27°12′~31°31′	N34°34′~40°43′	N23°33′~28°20′	N24°7′~29°9′	N34°22′~38°24′
年均降水量(mm)	1062~1290	772.6~1096	980~2000	750~1700	1400~2000	1341~1940	584~905
无霜期(d)	230	229	248	239	300	291	173~250
年平均气温(℃)	15.7	13~16	15~18	14~17	17~21	18	11.0~14.2
年均日照时数(h)	1994	2189~2352	1710~2100	1400~2100	1500~2200	1473.3~2077	2300~2900

注：资料来源于各地方统计年鉴，2007。

表3–19 华东地区不同设施类型面积统计（hm^2）

地区	温室面积	日光温室	玻璃连栋温室	塑料连栋温室	塑料大棚	小拱棚遮阳棚
山东	225250.31	61320.32	50.49	2883.98	81455.56	79388.59
江苏	3693.12	570.01	748.12	1219	1726	
上海	13501.09		39.87	487.53	6303.69	6670
安徽	83832	4815	1	6594	72308	
浙江	29114.2141	9.5109	18.8749	362.7233	16822.1519	10724.4016
福建	37301.69		14.15	203.13	6273.1	30811.31

注：资料来源于各地方统计年鉴，2008。

3.3.3.1 山东省

2008年全省蔬菜(含西瓜、甜瓜，下同)播种面积196.4万hm^2，总产量9776.4万吨，产值1270.37亿元。在山东蔬菜产业发展中，形成了设施蔬菜、出口创汇蔬菜和名产蔬菜三大支柱产业。其中，2008年全省设施(含日光温室、塑料大棚、中小拱棚)蔬菜

86.67万hm^2，面积约占全省蔬菜总面积的40%左右，而其产值约占全省蔬菜总产值的75%以上，由此可见设施蔬菜在山东蔬菜产业中的地位之重要。2008山东省设施园艺总产值已达308.5亿元，亩均产值9334元，其中，连栋温室年产值达31.2亿元，亩均年产值8万元；日光温室年产值167.6亿元，亩均年产值1.51万元。

山东寿光种苗生产

山东青州设施花卉

山东青岛市平度设施葡萄

山东青岛市平度设施草莓　　山东青岛市平度设施桃

图3-20 山东地区主要设施类型及栽培作物

山东省设施园艺起步于20世纪70年代，经过多年发展，设施园艺已经成为山东农村经济发展及农民增收的重要支柱产业。目前，山东省温室面积约20.033万hm^2，占山东省瓜、果、菜种植面积的10%。根据山东省有关部门的2009年统计数据，目前，山东省有连栋温室7797个，规模2599万m^2；日光温室84万个，规模73884万m^2；塑料大棚190多万个，规模131626万m^2，占总量的59.7%。

经过十几年的发展，目前已经形成了设施蔬菜区域化、专业化、规模化的主产区，以及与之相适应的产地批发市场、运销队伍与销地市场，形成了有效的产业化运作。在主产区中有寿光、济阳、惠民、平原等县、市的日光温室黄瓜主产区，临淄、博兴、广饶、苍山等县、区的日光温室番茄主产区，临淄、寿光等区、市的日光温室西葫芦主产区，苍山、寿光、商河等县、市的日光温室与中小拱棚辣(甜)椒主产区，青州、寿光、聊城等市、县的日光温室与中小拱棚茄子主产区，昌乐、费县、济阳等县、市的大棚西瓜主产区，莘县、寿光、海阳等县、市的日光温室厚皮甜瓜主产区，枣庄市的大棚菜豆主产区等，都是颇具影响的设施蔬菜的代表性主产区。

3.3.3.2 上海市

上海市设施园艺产业以设施花卉为主，其中又以切花为主产花卉。主要分布在南部地区，2007年底面积为277 hm^2，占总面积92.6%，包括浦东新区、南汇区、奉贤区3个区，约600 hm^2基地。崇明县以生产宿根、球根花卉为主，其中以生产唐菖蒲、水仙为主的基地有200多公顷，其中，水仙花是本市有百年历史的传统特色花卉品种，唐菖蒲是该县主栽品种，其销量约占全市1/4。闵行区有200 hm^2以鲜切花、盆花为主的基地；南汇区有上千亩月季、非洲菊等种苗为主的基地。上海郊区自“九五”期间大步发展的设施园艺，到2007年底，整个郊区使用这些温室设施装备的种植地面积已有4.67多万公顷。花卉种苗生产历来是上海的优势。2007年花卉种苗生产总量约3.3亿株，同比2006年2.7亿株增加22.2%。其中，出口增加111.3%。上海种苗生产品种丰富，种类多达1000多种，其中主要是非洲菊、香石竹、菊花、蝴蝶兰和草花。2007年菊花种苗生产量比2006年增115%，蝴蝶兰增2000多万株，主要以出口为主。

上海孙桥现代农业开发区连栋温室

连栋温室无土栽培园

上海松江区叶榭镇沪产连栋温室(紫苏)

上海崇明区港沿镇管棚

管棚内部结构（黄瓜）

上海孙桥现代农业园国产自控玻璃温室育苗体验区

上海孙桥现代农业园国产自控玻璃温室

松江区孙桥镇小拱棚微型月季

上海交大农科新桥花木公司盆栽蝴蝶兰

上海花卉良种试验场香石竹种苗生产

上海鲜花港火鹤鲜切花

上海天禄园艺有限公司切花百合

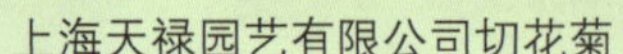

上海鲜花港盆栽凤梨

图3-21 上海地区主要设施类型及栽培作物

3.3.3.3江苏省

2007年全省园艺业播种面积178.567万hm^2，总产4334.32万吨，园艺业总产值609.5亿元，平均亩产值在2500元左右。

蔬菜初步形成了淮北设施蔬菜、沿海根茎类和瓜类蔬菜、环太湖和里下河水生蔬菜、城郊叶菜和丘陵山区特色野菜五大菜区；花卉初步形成了环太湖、环漏湖、沿江和淮北4个观赏苗木优势区域，环太湖、苏中沿江和南京近郊3个盆栽花卉优势区域，连云港鲜切花优势区域和苏中沿江商品盆景优势区域。设施花卉方面，花卉设施栽培面积3693.12万m^2，其中，节能日光温室570.01万m^2，大、中、小棚1219万m^2，遮荫棚1726万m^2。全省花卉市场168个，花卉企业4085个，其中大中型企业1142家，花农28705户，从业人员608736人，其中专业技术人员8437人。

表3-20 2008年江苏地区设施花卉产业概况

	种植面积(hm^2)	销售单位	销售量	销售额（万元）
合计	9333.3			779182.2
鲜切花类	2333.3	万支	39774.6	23395
鲜切花	1343.97	万支	33295.6	21511.1
鲜切叶	963.63	万支	5951	1487.9
鲜切枝	25.7	万支	528	396
盆栽植物类	6572.4	万盆	30435	119224.4
盆栽植物	5265.6	万盆	19746	87869.7
盆景	533.3	万盆	100	7000
花坛植物	773.3	万盆	10589	24354.7
观赏苗木	73333.3	万株	320000	590000
食用与药用花卉	3613.6	kg	835134	3215.3
工业及其他用途	26.8	t	1150	50
草坪	5666.7	万m^2	6000	25500
种子用花卉	130.9	kg	17226	2118.9
种苗用花卉	1600.3	万株	43234	8646.8
种球用花卉	56	万粒	619	1104.8

注：资料来源于江苏省种植业处。

江苏省吴中区东山镇现代化连栋温室

徐州市铜山县标准化圆弧型日光温室

江苏省连云港市琴弦式日光温室

江苏省吴中区东山镇连栋装配式钢架大棚

江苏省南京市装配式钢架塑料大棚

江苏省南京市遮荫网蔬菜塑料大棚

徐州市铜山县标准化圆弧型日光温室辣椒

江苏省吴中区东山镇盆栽凤梨

图3-22 江苏地区主要设施类型及栽培作物

表3-21 2008年江苏省不同花卉类型销情况表

	种植面积(hm^2)	销售单位	销售量(万元)	销售额(万元)
主要鲜切花	1343.97		33295.6	21511.1
1. 月季	237	万支	2425.7	656.4
2.香石竹	70.76	万支	1836.2	550.9
3.百合	367.48	万支	9561.2	13795.6
4.唐菖蒲	178.19	万支	7283.9	1721.3
5.菊花	162.81	万支	5637.5	2295.6
6.非洲菊	219.8	万支	5175.4	949.6
7.郁金香	107.9	万支	1375.7	1540.8
主要盆栽植物	577	万支	2628.95	21262
1.凤梨类	160.1	万盆	761.25	7426.55
2.兰花类	108.9	万盆	412.85	3998.1
3.花烛属	32.8	万盆	150.1	796.25
4.观叶芋类	38.8	万盆	127.9	735.75
5.杜鹃花类	236.4	万盆	1176.85	8305.35

注：资料来源于江苏省种植业处。

苏北地区以日光温室冬春茬果菜和塑料大棚春提早、秋延后瓜、果菜生产为主；苏中和苏南地区以塑料大棚多重覆盖果菜，遮阳网、防虫网、防雨棚夏季时令叶菜和现代化连栋温室长季节果菜生产为主。

3.3.3.4 福建省

福建全省已形成以福州、泉州、厦门为主产地的鲜切花优势生产区域，以漳州、龙岩、福州为中心的盆栽植物，漳州、泉州、福州为中心的观赏苗木和草坪，以漳州、福州为中心的水仙花和南平、福州、宁德为主的茉莉花产区；以南靖、连城、漳平为主产地的兰花生产区域。漳州已成为我国盆栽花卉出口中心，蝴蝶兰产业化在全国已形成区域优势，影响力大。全省花卉形成了主要以福州、厦门、漳州三点和沿福厦国道的福建省花卉生产布局。

其中，有3个县 (市) 、镇被国家林业局、中国花协命名为“中国花木之乡”，还有3个镇被国家林业局、中国花协分别授予 “中国水仙花之乡”、 “中国杜鹃花之乡”和“中国榕树盆景之乡”。

3.3.4 华南地区

华南属热带、南亚热带气候，地理位置优越，交通运输发达，经济基础较好，是中国经济建设的前沿，对外开放的窗口。本区北界，是南亚热带与中亚热带的分界线，这条界线以南的华南地区，最冷月平均气温≥10℃，极端最低气温≥-4℃，日平均气温≥10℃的天数在300天以上。多数地方年降水量为1400~2000mm，是一个高温多雨、四季常绿的热带-南亚热带区域。

华南地区是我国热带花卉、盆栽和鲜切叶花卉产业的分布中心，尤其广东省是全国盆花、盆栽观叶植物、盆景分布面积最广的地区，综合实力较强，具有非常广阔的市场前景。

表3-22 华南地区各省、自治区基本气候状况

地区	广东省	广西壮族自治区	海南省
气候类型	热带、亚热带季风气候	中、南亚热带季风气候	热带季风海洋性气候
基本特征	高温、多雨，干湿明显变化大	夏长冬短，雨、热资源丰富	气温年较差小，年平均气温高，湿度大
年日照时数(h)	1745.8	1169~2219	1750~2650
年均气温(℃)	19~24	16.5~23.1	22~26
年降雨量(mm)	1300~2500	1080~2760	1639
灾害性天气	台风、低温阴雨、干旱洪涝、寒露风和寒潮	干旱、洪涝、低温冷害、霜冻大风、冰雹、热带气旋	热带风暴、台风、暴雨

注：资料来源于地方统计年鉴，2007。

表3-23 华南地区各省市设施园艺不同设施类型面积统计(hm^2)

地区	设施面积	塑料大棚	玻璃连栋温室	塑料连栋温室	日光温室	小拱棚遮阳棚
广东	927					
海南	4095.8	30	3	12.8	920	250
广西	247.18	196.74	1.96	9.76	7.32	29.74

注：资料来源于农业部，2008。

3.3.4.1 广东省

从种植面积来看，观赏苗木一直是广东第一大花卉种类，其次是盆栽植物类，鲜切花类排列第三。从各类花卉的销售额看，盆栽植物取代观赏苗木排第一位。在全国盆花生产经营的综合实力中，广东占29.28%，居全国首位；同时盆栽兰花类、花烛属、凤梨类种植面积全国最多，唐菖蒲全国第二；在全国的盆栽观叶植物生产经营的综合实力中，广东占41.07%；全国的盆景生产经营的综合实力中，广东占51.08%，超过全国总数的一半，高居全国首位。

区域布局也已经形成，珠三角以洋兰、凤梨、红掌、一品红、观叶植物为主，广州市以观叶植物、高档盆花为主，顺德陈村镇以兰花为主，中山市以菊花、棕榈植物为主，粤西以富贵竹、观赏苗木为主，湛江地区以富贵竹为主，面积约0.13万hm^2，有专业企业20多个，已形成种植、加工、销售一条龙的富贵竹产业链，成为我国最大的富贵竹生产、加工出口基地，产品远销荷兰、美国、日本等30多个国家和地区，销量占全世界80%；粤北以国兰为主，翁源县江尾镇是广东省兰花专业镇，也是全国国兰生产第一镇，现有以国兰为主的花卉种植面积400多hm^2，生产的国兰品种有400多种，兰花年交易量66.667万hm^2，交易总额8000多万元。

3.3.4.2 广西壮族自治区

从保护地情况看，目前全区共有保护地面积276.15万m^2，其中用于绿化苗木152.6万m^2，用于盆栽植物152.52万m^2，用于切花42.28万m^2。

从地域分析，现全区花卉种植主要集中在以南宁、桂林、柳州、梧州、玉林、贵港、北海等为代表的中心城市。其中仅南宁市的花卉种植面积就达0.93万hm^2，占全区总面积的52.8%；年产值8.33亿元，占到全区花卉总产值的50.6%。百色凌云县一带月季、百合、非洲菊等鲜切花；北海、南宁等市种植菊花鲜切花；容县、荔浦、贵港等地发展兰花；钦州、南宁市扩大百合种植面积，桂北发展桂花；横县茉莉花；马山、大化、忻城等县的金银花等。

3.3.4.3 海南省

由于海南地处我国低纬度热带地区，属热带海洋季风性气候，不仅热带植物资源丰富，而且也是良好的热带作物生产繁育基地，如球根花卉种球的繁殖，且良好的自然条件可促使繁育的花卉花茎挺立，花芽分化好，花朵多且大，色彩艳丽，鲜切花的质量明显优于其他省区。因海南气候冬季温暖，还特别适宜切花切叶花卉的发展，此时全国正值花卉销售的旺季，价格普遍偏高，而海南此时生产的切花品质最佳，又无需加温，成本低，与全国其他地区比较有无可比拟的优势。

北部以海口为中心，发展冬季切花、切叶植物生产基地和观叶盆栽植物生产基地；南部以三亚为中心，发展热带兰、暖季型草坪基地；东部气候凉爽，建设花卉资源研究开发中心和实验中心；西部以我国热带农业科学院、华南热带农业大学为中心，重点进行良种繁育及牧草生产基地；中部地形复杂，可发展热带草花、温带球根花卉繁育生产基地。

3.3.5 西南地区

西南地区以四川盆地为中心形成发散状的分布。四川省地貌复杂，气候多样，既有"内地海南"之称的攀枝花，温光资源充足的凉山州，也有被都江堰灌溉滋润的成都平原，无论是高档鲜切花、盆花、南亚热带观叶植物，还是园林绿化苗木，都有最适宜的生长区域。贵州气候温暖湿润，冬无严寒，夏无酷暑，具有雨热同季的特点，夏秋季节温差大，湿度大，太阳辐射适度，在夏秋季节生产的月季、唐菖蒲、马蹄莲、百合等鲜切花无论色彩、香味、产量等都具有一定市场竞争优势。业内人士点评，西南地区贵阳、昆明、四川攀西地区是最适宜发展花卉的地区。

单从温度来讲，西南地区除四川西部甘孜、九龙、北部马尔康和西藏拉萨、云南最北部德钦地区外，其余地区全年气温温和，最冷月温度在3~10℃左右，最热月温度在18~27℃左右，冬季保温和夏季降温成本低，适合多数植物生长，特别是花卉产业发展，是设施农业的理想发展区。西南地区虽然温度适宜，与北方光照条件好，日光温室产业发达地区相比，各月份温度相差大约3~4℃，最冷月差别10℃左右。但是光照条件除西藏外是全国最差的，年日照时数平均只有1000~1600h左右，从实践来看并不适合建设日光温室，因此西南地区设施农业产业应以连栋钢架大棚为主，在光照条件稍好的西藏和云南北部部分地区考虑建设日光温室。

西南地区，特别是云、贵、川地区是我国植物资源最丰富的地区，同时也是野生花卉资源最为丰富的地区，是种质资源多样性的一个世界分布中心。经过多年发展，西南地区已成为我国花卉产业的中心区之一，特别是"云花"品牌已驰名中外，在全国各大花卉市场中占有率超过70%。"十五"期间，中国花卉种植面积已达64万hm^2，比"九五"期末的15万hm^2增长326.7%。中国花卉面积已占世界花卉生产总面积的三分之一。云南、四川成为南方热带、亚热带花卉产区；同时四川还是重要的观赏苗木产区。2007年四川花卉销售产值达32亿元，比2006年增长8%，销售产值在全国排位第八，生产面积在全国排位第六，成为花卉生产大省；截至2008年12月底，云南省花卉种植面积首次突破3.33万hm^2，产值首次突破100亿大关，达到176亿元；出口额首次突破1亿美元，达到1.01亿美元。

图3-23 西南地区示意图

表3-24 西南地区各省、市、自治区基本气候状况

	重庆	四川	贵州	云南	西藏
纬度	28° 10'~32° 13'	26° 03′~34° 19′	24° 37′~29° 13′	34° 34'~40° 43'	37° 20'~53° 20'
年均降水量(mm)	1000~1450	500~1200	687.9~1480	1100	50~5000
无霜期(d)	331	230~340	288	300~330	46~162
年平均气温(℃)	18	4~18	14.8	5~24	8
年均日照时数(h)	1000~1200	1000~2600	1420	2255.8	3021

注：资料来源于地方统计年鉴，2007。

3.3.5.1云南省

云南以花卉产业为主，其中又以鲜切花闻名中外，呈贡斗南昆明国际花卉拍卖交易中心已成为全国较大规模的鲜切花销售集散地，鲜切花产量占全国总产量50%，鲜切花市场占有率达到全国各大城市市场的70%。截止到2008年夏天，昆明市花卉园艺面积为0.52万hm^2，设施花卉面积0.48万hm^2；总产值为6.36亿元。

云南借助于当地气候和品牌优势，继续推进鲜切花市场发展，促进热带盆花、种球、种苗、鲜切花并举，以昆明市和玉溪市为中心的温带鲜切花基地，迪庆和丽江为中心的滇西北球根花卉基地，以西双版纳和思茅为中心的热带花卉和观赏园艺植物生产基地，带动周边的曲靖、昭通、楚雄、红河、大理等州市，形成全省的一个花卉产业优势。不断加大产品质量监控、设施设备升级、拍卖市场建设规划、新品种研发及成果转化，积极推动云南花卉走向国际高端市场。

表3-25 昆明主要地区花卉设施面积统计数据

县(市)区	大棚面积(hm^2)			种植面积(hm^2)	产量(万枝)	产值 (万元)
	简易大棚	钢架大棚	综合			
晋 宁	2230.7	165.5	2396.3	2349.6	70295.0	22742.0
宜 良	96.6	136.9	233.5	199.1	17669.7	3994.9
呈 贡	1005.6	130.6	1136.2	787.6	56591.5	15624.4
嵩 明	535.7	239.4	775.1	841.9	3044.0	2957.0
其他地区	85.8	169.3	255.1	1047.5	30627	18275.3
合 计	3954.4	841.7	4796.2	5225.7	178227.2	63593.6

注：数据来源于云南省农业厅种植业处，2008。

表3-26 昆明主要地区花卉生产统计数据(2008年)

县(市)区	主要切花面积(hm^2)			
	月季	香石竹	百合	非洲菊
晋 宁	1467.9	391.9	109.3	160.1
宜 良	79.1	6.4	3.3	1.9
呈 贡	368.4	283.3	58.6	—
嵩 明	131.5	100.6	527.5	50.0
官 渡	339.8	247.0	2.0	—
寻 甸	3.2	3.8	78.1	—
西 山	18.4	1.0	—	1.3
石 林	3.1	18.0	1.7	0.3
安 宁	36.5	6.3	36.5	—
富 民	23.5	2.9	3.1	—
盘 龙	6.8	6.2	3.0	—
其他地区	94.7	40.2	162.4	3.4
合 计	2572.9	1107.6	985.5	217.0

云南省玉溪市江川县九溪玉溪百合公司彩云基地百合生产大型钢架

云南省玉溪市江川县九溪个体散户百合生产矮型竹木、钢架大棚

云南省昆明市呈贡县斗南月季切花生产

玉溪非洲菊切花生产

杨月季公司月季切花生产单栋钢架大棚

云南省昆明斗南塑料大棚

图3-24 云南地区主要设施类型及栽培作物

3.3.5.2 贵州省

设施总面积719.82万m^2，其中塑料大棚513.3万m^2，塑料连栋温室21.6m^2，玻璃连栋栋温室0.12m^2，日光温室4.4m^2，小拱棚遮阳棚180.4m^2。蔬菜种植面积366.67hm^2，产值2200万元，瓜果种植面积为166.67hm^2，产值为1500万元，花卉种植面积为453.33hm^2，产值为3400万元。设施园艺总产值为7100万元。贵阳市小河区、花溪区、白云区、金阳新区用大棚进行草莓栽培，都已取得成功，花溪区大水沟大棚草莓产量达到3.75kg/m^2以上，基本上能达到周年供应，经济效益也较传统草莓栽培高得多。花卉产业主要分布在贵阳、遵义、安顺等几大城市及周边市县，主产切花为非洲菊、月季、马蹄莲等，已达到国标要求，其中非洲菊销售量占省内市场销售份额的80%左右。并形成了以生产非洲菊、香石竹为主的乌当花卉生产基地和以月季、马蹄莲为主的白云花卉生产基地及以生产栀子花为主的小河花卉生产基地。

3.3.5.3 四川省

2008年实有花卉种植面积25830hm^2，同比减少9772hm^2，下降27%；实现切花切叶产量3457万支，同比减少4669万支，下降达57%；盆栽植物、观赏苗木产量分别实现1086万盆、1149万株，同比分别减少244万盆、163万株。二是花卉从业人员人数减少。2008年全省花卉从业人员人数212208人，其中：专业技术人员10970人，同比减少6910人。2008年，全省建成花卉市场达394个，同比增加2个；花卉生产温室面积达8137837m^2，同比增加125736m^2。生产面积居全国第六，销售产值全国第八，是我国花卉的生产大省(占全国9%) 和消费大省(占全国10%)。形成了以西昌、成都三圣乡为主的鲜切花基地；成都三圣乡、郫县及城市周边的小盆花基地；温江、郫县、都江堰、乐山等地的绿化苗木基地；郫县、温江的川派盆景基地；城市周边、郫县等的观叶植物基地；西昌工业花卉及种苗、种球繁育基地的产业化格局。

蔬菜方面，生产布局主要分为攀西地区早市蔬菜、盆中丘陵及成都平原高产蔬菜区、川南片区反季节蔬菜、川西高地淡季绿色蔬菜以及川北越夏蔬菜生产区五大区域。

3.3.5.4 重庆市

据不完全统计，重庆市共有各类蔬菜生产设施面积近5333hm^2，处于日照偏低值区，暴雨、高温、强光、病虫多是其显著特点。全市各类花卉种植面积已达1.67万hm^2，花卉生产温室大棚面积达13.5万m^2，年销售额7.15亿元。在九龙坡、江北、南岸、北碚建成了全国生产规模最大的红掌生产基地、面积最大的梅花种植基地和蜡梅种植基地。巴南区以发展棕榈科植物为主；沙坪坝区以培育彩叶树为主；九龙坡区、南岸区以蜡梅、桂花、盆景为主，北碚区以发展盆栽草花、鲜切花为主；江津区、渝北区、璧山县以发展绿化苗木为主；荣昌县、南川区以发展特色地域花卉玉簪为主。

设施园艺类型主要为集遮阳、防雨、防虫网覆盖栽培于一体的夏季设施园艺，夏季降温和除湿是实现其设施周年利用的关键问题。

4 设施园艺区域发展模式基础理论研究

4.1 研究方法

在综合考虑设施园艺区域发展现状的前提下，集合了设施园艺区域发展的各种影响因子，筛选出其中的关键因子，包括区域社会经济条件、自然条件、区域发展现状、设施园艺栽培作物、区域发展特色、组织形式、设施作物生产技术等。以设施园艺的发展现状为基础，以设施发展类型的结构和性能为依据，综合栽培技术，最终形成融区域适宜发展设施类型、设施栽培作物、设施生产技术为一体的综合发展模式。

4.2 研究内容

区域设施园艺产业的发展模式的建立受到各方面综合因素的影响，集合了地区产业现状、区位发展条件，包括自然条件、社会经济条件、历史文化条件、消费水平、区域市场、区域科技力量和区域农业政策等，因此研究内容包括以下几个方面：

① 影响设施园艺区域发展模式建立的影响因子的确立。

② 区域发展模式建立的原则。

③ 区域发展模式影响因子的评价体系。

④ 区域发展模式建立的基本内容 。

4.2.1 设施园艺区域发展模式建立的指标选择

关于设施园艺区域发展模式建立的相关研究较少，现在尚处于起步阶段。根据文献资料的收集和实地调查，认为区域发展模式的建立应该充分考虑地域现状，紧紧围绕区域特色来建立，同时综合其他各方面的因素。因此需考虑：社会经济条件；自然条件，其中以温度、光照、极端自然灾害为主要指标；设施园艺发展区域状况、设施园艺栽培作物、区域发展特色、设施园艺发展组织形式、设施园艺区域生产技术等方面进行综合统筹。

4.2.2 设施园艺区域发展模式建立的原则

① 统一规划，总体布局，合理统筹，协调建设，综合区域气候条件、人口和区位条件、社会经济等综合条件进行规划。

② 注重高科技、高品质，走高技术、专业化、规模化与城乡一体化建设，打造品牌企业和名牌产品，构成区位优势。

③ 以提高经济效益为中心，调整产品结构和区域布局，结合新农村建设，以提高农民的生活水平为根本出发点，使设施园艺成为郊区农村经济发展的支柱性产业。

④ 健全流通体系，积极推进科技示范区建设，

不断探索示范区建设发展新模式。

⑤ 借助当地科技力量，以基地辐射周边农村，推动农村设施产业的全面发展。

⑥ 兼顾设施园艺软件、硬件建设，同步推进。

4.2.3 区域发展模式指标评价分析

4.2.3.1 社会条件

4.2.3.1.1 经济条件

社会经济条件直接影响消费水平和农业政策的引导以及设施园艺的建设成本，特别是大型、集约化的设施园艺产业发展园的建设和推动，需要强有力的经济作为支撑，同时设施产品的相关技术研究、产品加工、流通与销售、区域消费能力都受到经济条件的制约。

北京、上海、广州、深圳、江苏一带是我国经济的活力之源，对于附加值较高的设施花卉来说，具有非常大的消费群体需求，同时可以依托当地的经济优势，发展龙头企业，形成集团优势，推动整个产业的发展。以北京为例，2008年，全年城镇居民人均可支配收入达到24,725元，比上年增长12.4%。通过对2000余户居民问卷调查信息分析，全市86.13%的居民有购花愿望，66%的居民参加过各类花卉展览，户均年购花消费310元。花卉消费需求是影响北京花卉业竞争力的重要因素。庞大的消费人群、较高的经济发展水平、先进的花卉文化，构成了北京花卉的巨大消费空间。目前，北京是我国花卉的三大消费中心之一。

4.2.3.1.2 历史文化条件

一个地区的设施园艺的发展，离不开当地的文化底蕴，历史文化的影响可以渗透到设施园艺发展的各个环节，对于形成区域品牌特色、集团效应有很大的影响。本章主要调查、收集、整理了各个设施园艺发展区域的产业发展历史，希望可以为区域的品牌发展战略提供参考。

(1) 华北地区

北京是我国的文化中心，文化氛围浓厚。北京具有花卉消费的传统习惯。家庭养花，节日买花送花十分普遍。北京市民的买方需求领先于其他国内城市，因而北京市的花卉产业具备较高的竞争优势。

河南开封菊花历史文化源远流长。自1983年开始，已成功举办了二十二届菊花花会。开封的菊花目前有上千种，在这里可以看到历代传下来的珍贵品种，而且开封菊花在历届全国菊花展赛中均名列前茅。尤其是在1999昆明世界园艺博览会上，开封菊花夺得大奖总数、金奖总数、奖牌总数、团体总分四个第一，赢得了“开封菊花甲天下”的美誉。南阳月季在国内率先实现了月季的标准化、规模化和产业化生产，现有规模200多hm^2，品种600余个，年产月季3000万株以上，种苗出口日本、欧洲等地。鄢陵蜡梅，鄢陵有上千年的养花传统，素有“鄢陵蜡梅冠天下”之盛誉，“江北花卉数鄢陵”之名位，被誉为“中国的花卉之乡”，“花都”“花县”之美称也闻名遐迩。

(2) 华东地区

山东省设施园艺起步于20世纪70年代，经过多年发展，设施园艺已经成为山东农村经济发展及农民增收的重要支柱产业。素有“我国花卉之乡”美誉的青州市位于山东半岛中部，从20世纪80年代初开始种植花卉，到现在已有20多年的历史，花卉种植规模越来越大。

福建漳州已成为我国盆栽花卉出口中心，蝴蝶兰产业化在全国已形成区域优势，影响力大。其中，有3个县(市)、镇被国家林业局、中国花协命名为“中国花木之乡”，还有3个镇被国家林业局、中国花协分别授予“我国水仙花之乡”、“我国杜鹃花之乡”和“我国榕树盆景之乡”。

水仙是福建省省花，龙海市九湖镇被命名为水仙花之乡，南靖、平潭等也有分布；我国兰花中的建兰，分布较广，但因福建产的品种最多，品质最优，故名为建兰，主产地在龙岩，上杭建有我国兰协建兰样品园，漳州的南靖、平和和泉州等地也有分布；福建省主产地龙岩，漳平市永福镇是全国三大杜鹃花生产基地之一，被命名为我国杜鹃花之乡。

(3) 华南地区

海南岛植物资源丰富，拥有植物4200多种，素有"热带植物宝库"之称，尤以兰花资源最为丰富，据调查，全省共有野生兰花57属161种，栽培兰花14属50种，海南特有种47种，如"华石斛"、"密花石斛"、"聚石斛"、"美花石斛"等，兰花文化悠久，现在已经成为中国的热带兰花中心。

(4) 西南地区

川东的食用黄花、药用金银花、古桩蜡梅，川西北的杜鹃花、野生兰草，川南的茶花、茉莉花，川西的平原绿化苗木以及川派盆景等为四川花卉产业由乡土化开发到国际化发展奠定了深厚的物质基础和丰富的花文化内涵。

云南是我国鲜切花的生产中心，历史文化悠久。"春城无处不飞花"，大理素以"风花雪月"闻名，保山别号"兰城"，丽江家家养花，推门即见。民间食花、饮花、浴花、赶花街、以花为药的传统构成了特有的花文化现象。

(5) 西北地区

甘肃是中华民族的主要发祥地， 历史悠久，文化深远，古代山清水秀，草丰林茂，地处古丝绸之路的要冲，中外交流广泛。几千年来，多种多样的花卉在甘肃大地繁衍生息。紫斑牡丹，是我国牡丹一个重要的品种群，在兰州、临夏、临洮等地分布很广，20多年来兰州和平牡丹园共选育出紫斑牡丹品种533个，其中10多个品种是目前我国唯被国际园艺学会登录并授权保护的牡丹珍贵品种；兰州百合虽以食用为主，但观赏价值也很好，栽培历史悠久；苦水玫瑰是国内外知名的玫瑰品种之一。

4.2.3.1.3 地域优势

(1) 华北地区

北京是我国的政治和国际交往中心，政治活动和国际交往频繁；在京的外国使领馆、外国公司驻华办事机构等达6000多家，星级宾馆饭店数量居全国第一，对花卉有着巨大的消费需求。

环渤海经济圈的崛起和京津冀一体化发展战略的进一步推进，环渤海经济圈现已成为我国经济发展的第三大增长极。从经济总量看，2006年环渤海五省市(京、津、冀、辽、鲁)的地区生产总值达54,775.4亿元，占全国国内生产总值的26.16%，随着京津冀一体化进程的加快，北京花卉业将迎来新的发展机遇。

(2) 华东地区

浙江地处我国海岸线中部，近傍上海和宁波2个出口口岸，出口蔬菜可北上日本、南下东南亚和欧洲各国，地理位置极为有利。经过20多年的改革发展，长江三角洲已是我国经济发展速度最快、经济总量规模最大、内在潜质最佳、发展前景被普遍看好的首位经济核心区，也是我国在经济全球化过程中率先融入世界经济的重要区域之一。在全国综合实力百强县中，长三角地区拥有一半，充分显示了长三角高密度、高强度的发展特征。作为国际化大都市的上海，不仅是长三角的龙头，而且其对国内外市场的辐射作用日益显现；随着经济持续快速的发展，它不仅是花卉消费的良好场所，而且凭借其在经济、地理、传统、文化上的优势，有发展成国内、亚太地区、甚至全球花卉交易中心的可能性，这对于地处长三角腹地的浙江来说，发展花卉业有着得天独厚的优势。

(3) 华南地区

华南地区属热带季风气候，不仅热带花卉种类繁多，物种资源也相当丰富。广东是全国十大花卉产区和全国最大的花卉集散地，地跨中亚热带、南亚热带和北亚热带3个气候带，热带、南亚热带花卉物种资源丰富，具有种植热带、亚热带花卉的得天独厚的地理气候优势。2008年全省有花卉种植面积5.3万hm^2，种植面积、销售额和出口创汇分别占全国的7%、13%和18%。

海南共有花卉种质资源859种，其中野生的406种、栽培种453种、特有种47种，尤以兰花资源最为丰富。根据中国热带农业科学院调查，全省共有野生兰花57属161种，栽培兰花14属50种，其中，象牙白、兜兰、安诺兰、五唇兰、密叶万代兰、虾脊兰都属优良名贵品种。此外，具有观赏价值的野生蕨类、藤类植物，荫生、阳生观叶植物和棕榈科植物资源均很丰富。海南是热带切花、切叶、热带兰花、观叶植物和棕榈植物生长的理想场所。至2010 年，全省种植面积达到0.67万hm^2，年总产值达15亿元。

(4) 西南地区

云南省根据省内不同地区的产业特点，制定了详细的产业规划，全省相继建成了以昆明和玉溪市为中心的温带鲜切花基地，迪庆和丽江为中心的滇西北球根花卉基地，西双版纳和思茅为中心的热带花卉和观赏园艺植物生产基地，形成了各具特色的花卉生产格局。

四川省地貌复杂，气候多样，既有“内地海南”之称的攀枝花、温光资源充足的凉山州，也有被都江堰灌溉滋润的成都平原，无论是高档鲜切花、盆花、南亚热带观叶植物，还是园林绿化苗木，都有最适宜的生长区域。四川盆地比较适合观叶植物及绿化苗木的生产，盆周冷凉干燥的高海拔地区比较适合切花及种球的生产。西昌市邛海湖盆和安宁河平坝地区，海拔1500m左右，是建立鲜切花基地的优良场所，可周年生产各种优质切花。在西昌市邛海周边丘陵区海拔2500~2700m，属冷凉气候，土地宽广，土质疏松湿润，富含有机质，是球根花卉繁育种球的优良场所。

贵州天气潮湿，光照不强，适于杜鹃花、月季、菊花、兰花等阴生花卉的发展。特别是杜鹃花的培育生产具有巨大的潜力。大杜鹃花如马缨杜鹃花、大白杜鹃花、锦绣杜鹃花具有较高的绿化观赏价值。小杜鹃花如‘小夜铁红’、‘大红袍’、‘玫瑰红’。遵义的火棘，毕节的杜鹃花、兰花闻名全国。

重庆具有典型的季风性气候特点，光照强度较差，经常处于弱光条件，“冬天雾都，夏天火炉”，严重制约了花卉的品质，弱光照高湿的环境有利于叶菜、观叶植物、盆景植物以及植物种苗的生产和繁育，在本地发展这些植物及类似植物类型的生产，具有一定的气候优势。因此可适宜发展暖季型草坪、室内观赏植物、宿根地被花卉、干花等。现在在九龙坡、江北、南岸、北碚建成了全国生产规模最大的红掌生产基地、面积最大的梅花种植基地和蜡梅种植基地，形成了一定的区域品牌。同时境内多座千米以上的高山，形成了适于多种经济作物生长的山体农业气候，海拔500m以上的山地，气候冷凉、昼夜温差大，是发展高山蔬菜的理想区域。

西藏地处祖国西南边疆，北临新疆，东连四川，东北紧靠青海，东南连接云南，南与缅甸、印度、不丹、锡金、尼泊尔等国毗邻，西与克什米尔地区接壤，陆地国境线长4000多公里。西藏是环境污染最轻微的地区。几乎没有现代工业体系和大型机械化工企业，常年空气质量优良天数占到95%以上，耕地土壤结构、大气环境与水源基本不存在污染问题，极具发展生态农业的竞争力。

(5) 西北地区

我国西北地区，包括陕西宝鸡、青海、宁夏部分地区夏季气候凉爽湿润，昼夜温差大，光照充足，土壤疏松，富含有机质，繁殖球根花卉种球，生长期长，养分积累多，种球规格大，商品率高，生产出的鲜切花，花大、茎长、色纯正而鲜艳，种球品质好。因此可以合理利用冷凉气候，加大球根花卉栽培，种球、种苗的生产，打造西北地区的球根花卉产业联合发展区。现在“国家级球根花卉和种球繁育中心”在宝鸡的太白、凤县、杨凌建立百合、唐菖蒲种球繁育基地。位于陕西眉县境内的西部兰花是全省唯一的“全国花卉生产示范基地”、“全国特色种苗基地”，并成为陕西首批“全国农业生态旅游示范点”三家单位之一。

新疆晴天多阴天少，日照时间长，积温多，昼夜温差大，太阳辐射十分丰富，居全国第二；年平均日照时数达2818h，居全国之首。有利于喜光植物生长发育、有机物质积累和果实着色。新疆葡萄果实色艳、味甘、产量高，在全国几个葡萄主产区中，含糖量最高，含酸率最低。同时，新疆毗邻中亚五国和俄罗斯，国际市场前景广阔，哈萨克斯坦、吉尔吉斯斯坦和出口量较大的乌兹别克斯坦，都是新疆可以拓展的国际市场。

宁夏地处西北黄土高原，气候干旱少雨，冬季低温来临早，果树落叶早，进入休眠也早。低温量充足，果树可提前满足休眠。加之早春升温快，通常不需人工加温。果树在需冷量满足之后，扣棚越早，果实成熟越早。宁夏冬、春季节很少阴雨，光照强，热量丰富，是我国发展促早果树设施栽培最适宜的产区之一。

4.2.3.2 自然条件

4.2.3.2.1 温度条件

温度条件是影响设施园艺产业发展的一个非常重要的因素，它直接决定着设施园艺产业的成本投入、设施园艺作物的选择、设施发展类型的结构设计、内环境的控制系统的选择，决定了设施园艺产业的效益与产出。特别是现代高效、节能的产业发展环境下，充分了解当地温度条件，分析设施发展模式具有非常重要的作用。与世界园艺产业发达的国家比较，不管是年均温，还是年温差，不管是高纬度还是低纬度地区，我国各地区比处于同一纬度的发达国家，年均温要低，而年温差要高。冬季过冷，夏季过热，而且纬度越高越明显。因此，在我国多数地区，设施园艺产业的发展，在能耗上要相对较高。根据陈殿奎与周长吉调查，表明我国大型连栋温室在北纬35°左右地区，冬季加温能耗占总生产成本的30%~40%，在北纬40°地区左右，占总生产成本的40%~50%，在北纬43°地区左右，占总生产成本的60%~70%，能耗过大导致了目前大型连栋温室的亏损面积超过80%。所以，在冬季易于保温和增温、夏季易于降温的节能型日光温室依然是我国未来相当长时间内园艺设施的主体。

以设施蔬菜为例，我国蔬菜设施栽培的气候差异性在冬季尤其是1月份表现最为明显。冷、冻害使土壤表面和植物表面的温度下降到0℃或0℃以下，从而引起植物损伤乃至死亡的农业气象灾害。因此我国年最冷月1月平均气温是个非常重要的温度临界点。1月份0℃温度线，大致为从黄海到安徽北部边缘，并沿陇海铁路线向西经郑州到甘肃东南角，再沿横断山脉向西南，到达云南保山。

根据不同地区的温度条件，综合不同设施类型的加温性能，设施栽培作物的温度需求，在综合分析的前提下，选择最合适的发展组合形式，只有这样才能真正做到因地制宜，实现设施园艺产业的节能和高效。

4.2.3.2.2光照条件

棚内的光照强弱不仅决定室内温度的高低，也影响植物的光合作用和作物产量，从而影响产业效益，弱光逆境是日光温室冬春季经常出现的逆境条件，危害比较严重。

设施内的温度和光照条件是影响设施栽培作物选择、设施加温、降温成本的关键因素，因此需要对不同地区的温度、光照条件有非常深入的了解，综合各方面的因素，实现不同因素之间的科学合理的配置，促进设施园艺产业的高效安全生产。

4.2.3.3设施类型选择

4.2.3.3.1设施性能分析

(1) 设施内的温度特点

我国地大物博，各地区气候条件迥异，不同地区设施内的温度条件也表现出很大的差别，在以往，针对不同地区的设施温度也进行了一定的研究，赵统利等研究发现，江苏省连云港日光温室内当日凌晨的温度主要取决于前一天的天气和保温情况；金志凤等研究了不同天气条件浙江省杭州市日光温室内外的平均气温、最高气温、最低气温、相对湿度均存在显著的相关性，日变化趋势一致，气温是昼高夜低，相对湿度是昼低夜高；宋艳华、齐尚红研究发现河南省辉县市日光温室内秋季空气温度日变化曲线为单峰型曲线，与温室外基本相同，温室内地面温度日变化曲线与空气温度相似，地温水平分布呈现出中间高、四周低的规律。

不同的覆盖材料对设施内温度也有较大的影响，就保温覆盖物来看，常用覆盖物其保温效果如下:1层塑料薄膜2~3℃；1层薄席3~4℃：薄席加大密度可增温1~2℃；1层稻草帘(厚度与薄席相同)5~6℃；1层棉被7~10℃；室内加2道帘1.1~3.5℃；室内加小拱棚1~3℃。近年又新兴几种覆盖物，如无纺布和NC等，经过生产实践表明：在同等条件下，以NC覆盖的温室比对照高0.6~1.8℃，地温高0.4~0.8℃。

在一般情况下，日光温室和塑料大棚增温分别在10℃和5℃，外界气温0℃时而棚室内气温可达到10℃或5℃，此时适于蔬菜生长。从北纬32°~43°，南北跨越11个纬度，在此范围内都可建造日光温室，进行蔬菜生产(徐师华，2004)。我国东北、西北和华北的绝大多数地区适合发挥日光温室生产，沈阳、呼和浩特和乌鲁木齐成为我国冬季日光温室适宜发展区域的北线。按照最低气温低于-10℃不宜建设大型连栋温室的判断，郑州、济南和西安以北的三北地区不宜建设大型连栋温室，而应以发展高效节能日光温室园艺生产，适当发展大、中、小棚园艺生产。按照日最高气温高于35℃地区不宜建造大型连栋温室的判断，我国三北地区也不宜建设大型连栋温室。

(2) 光照条件

根据研究发现，设施内光照水平分布非常不均匀。温室南边光照强，中部次之，靠近后墙处光照最弱。根据在北京的观测，温室南部的透光率55%~65%，中部50%~60%，后部30%~40%。各地不同类型室内光照度的水平分布趋势是一致的。此外，靠近东西山墙处午前或午后会出现一个三角形的弱光区，弱光区的大小与温室的方位和东西山墙的高度有关(陈端生，2005)。

表4-1 不同温室类型光强和透光率分析（陈瑞生，2005）

温室类型	室内光强及透光率						室外光强（万lx）
	前部		中部		后部		
	光强（万lx）	透光率（%）	光强（万lx）	透光率（%）	光强（万lx）	透光率（%）	
矮后墙长后屋面温室	1.97	85	1.48	64	1.01	44	2.31
简易日光温室	1.77		1.44	57	0.95	46	3.97
鞍Ⅱ型温室	2.92		2.76	70	1.95	49	2.07

不同的设施结构(采光面、后墙高度、后屋面仰角、前屋面仰角等)、覆盖材料、设施方位等直接影响着设施内的光照条件。沈渭明等研究发现，与琴弦式日光温室相比，圆弧型日光温室在保温、透光、抗逆性等方面有了较大提高。以白银A型与琴弦式日光温室的透光率为例，据相关实验表明，GJW-II-A型温室平均透光率在前部(高度0.8m，距温室前沿为1.0m)、中部(高度0.8m，距温室前沿为3.5m)、后部(高度0.8m，距温室前沿为5.5m)分别为86.7、85.4、76.4，分别比琴弦式温室高8.8、8.1、8.9个百分点，均高出8%以上。同时在室内光照强度方面也有了很大的提高，西北地区下午琴弦式日光温室内部光照强度为4000lx，而GJW-II-A型日光温室内光照强度依然维持在4200lx。

陈端生研究发现，鞍II型日光温室各节气室内外日平均光照强度，随外界光强的变化而变化。以北京地区为例，一日之中室内的光照度变动于9000~30000lx，冬季日平均光照度在20000~25000lx，透光率在55%~65%。根据宁夏农科院测得的资料，银川地区日光温室内12月下旬到1月下旬，9:00~16:00，室内光照度变动于6600~41000lx，该时期内的日平均光照度在10000~31000lx，透光率60%~70%。此外不同的覆盖材料对设施内的透光率和光照强度也有很大的影响。据研究，在不盖棚膜的情况下，内部较外部光照强度平均降低19.3%，在盖棚膜的情况下降低43.4%，二者相差24.1个百分点，差异非常明显(潘连公，2005)。

表4-2 常见温室覆盖材料的特性（潘连公，2005）

覆盖材料		透光率(%)	散热率(%)	使用寿命(年)
玻璃	加强玻璃	88	3	>25
	低铁玻璃	90~92	<3	>25
丙烯酸塑料板	单层	93	<5	>20
	双层	87	<3	>20
聚碳酸酯板	单层板	91~94	<3	10~15
	双层中空板	83	<3	10~15
聚酯纤维玻璃	单层	90	<3	10~15
	双层	60~80	—	7~12
聚乙烯波浪板	单层	84	<25	>10
聚乙烯膜	标准房紫外线膜	<85	50	3
	无滴膜	—	50	3

从上表中我们可以看出，玻璃、聚碳酸酯板的透光率较高，单层比双层透光率要高，但玻璃重量大，易碎，而且造价较高，在我国目前的设施园艺类型中已经不太多见，经常使用的多为PC板和长寿无滴膜。

与世界其他国家相比，我国北方地区的年辐射总量比较高，高于较高的欧洲多数地区，以及北美洲的加拿大等国，每平方米达到50亿焦耳以上，光能资源丰富，但各个地区之间存在差异。从太阳总辐射来看，除西安外，西北地区每平方米有55亿~60亿焦耳；华北地区次之，每平方米50亿~55亿焦耳；东北地区和西北地区的西安每平方米接近50亿焦耳。除河南郑州和陕西西安外，我国北方地区的年平均日照百分率在60%以上；而且除陕西的西安和新疆的乌鲁木齐外，1月份的日照百分率比7月份的高，其中除河南郑州和甘肃兰州仅高2%~4%外，其余城市均高10%~18%；同时除西安和郑州外，我国北方地区的年日照时数均在2500小时以上(李晔、孙周平等，2007)。

冬季1月我国南北方太阳高度相差最大，四川盆地为日照时数的低值中心，1月日照时数低于40个小时。我国1月日照时数的南北分布理论上与实际相反，与我国各地1月天气状况有直接的联系。比如，四川盆地冬季多云雾，以致实际日照时数偏少；青藏高原海拔高，空气稀薄，日照时数长。北方冬季气温低但日照相对较长，南方温度较高而日照相对较短(吴长春，2009)。

综上所述，从光能资源看，我国北方地区是比较适合发展设施园艺生产的。但地区之间仍有一些差别，如西北地区的光照资源好于东北地区和华北地区，因此不同地区间在生产上应采取不同的措施。相对而言，对于太阳光合辐射少，光照时数少，日照百分率少，阴天时候多的地区，在园艺设施的设计上，要以增加太阳光照为主，生产上也尽可能地充分利用太阳资源，降低成本。

4.2.3.3.2 温室建设

温室的建设是一项综合性的工程，需要综合考虑多种因素。

(1) 方位角设计

温室建设方位对光照的影响很大，采用东西向南北延长栋向结构时，冬季光线与屋面形成的投射角小，进光少，夏季太阳高度角升高，从屋面进入的光线较多。赖特在20世纪50年代就观测到，南北向温室较东西向温室冬季进光多，夏季较少，反之亦然。一般来说，温室方位以东西走向，南偏西（东）5° 左右为宜，但不能超过10° 以上，否则将影响温室内整体受光状况。兰州市主要以偏西5° ~ 8° 为宜，有利于夜间保温。

(2) 屋面角度与设计

在其他因素相对一致的情况下，屋面角度的设计对采光影响很大。从光学原理看，通过透明材料的光线进入量是与投射角的正弦值成正比，即:

$S=S_0 \times \sin\gamma$

S—光线进入量$MJ/m^2 \cdot d$；

S_0—辐射常数$MJ/m^2 \cdot d$；

γ—投射角，是太阳高度角(h)与温室屋面角(a)的和，即 $\gamma=h+a$。

对于特定的地区而言，太阳高度角的变化是有规律性的，因此屋面角的大小成为与入射量关系最为密切的因子。屋面角(a—谷部和屋脊的连线与水平面之间的夹角)计算公式采用了林维申教授的经验公式，即：

a=23.5+(当地纬度−40) × 0.5 ± 1;

± 1是根据纬度不同作的调整。在低纬度地区为防止温室建得低矮，需要提高温室屋面角1°；在高纬度地区(>40°)，为防止温室建得过高，需要降低温室屋面角1°。

以西北地区为例，见表4−3。

表4−3 甘肃地区主要城市日光温室架构参数参考（邱仲华，2007）

地区	跨度(m)	脊高(m)	后屋面水平投影宽度(m)	最佳前屋面角(°)	后屋面仰角(°)	土墙厚度(m)
敦煌	7.0	3.2~3.5	1.5	36	35	1.5
酒泉	7.0	3.2~3.5	1.5	36	35	1.5
张掖	7.0~7.5	3.3~3.7	1.4	35	36	1.4
金昌	7.0~7.5	3.3~3.7	1.4	35	36	1.4
武威	7.0~7.5	3.3~3.7	1.4	34	36	1.4
白银	7.5~8.0	3.5~3.8	1.3	32	37	1.3
兰州	7.5~8.0	3.5~3.8	1.3	32	37	1.3
平凉	7.5~8.0	3.5~3.8	1.3	32	38	1.3
天水	8.0~8.5	3.8~4.2	1.2	31	39	1.2
武都	8.0~8.5	3.8~4.2	1.0	31	40	1.0

(3) 温室荷载设计

《温室结构设计荷载》(GB/T 18622−2002)、《连栋温室结构》(JB/T 10288−2001)等11部温室系列标准，分别为国家标准和机械行业标准，先后于2001年10月1日和2002年7月1日起实施，这些标准的实施结束了我国长期以来没有温室标准的历史。

4.2.3.4 设施栽培作物

(1) 作物习性

区域设施园艺的发展，离不开设施作物的合理选择，同时也是与设施栽培类型的相互选择，在了解不同设施类型的基本性能的基础上，充分研究设施作物的基本生长要求，经综合作用的影响，达到一种理想化的选择模式。

(2) 园艺作物选择

在实地调查的基础上，充分了解不同地区的特色产品，挖掘区域特色，打造区域品牌战略，形成集团优势。

如山东全省已基本形成了以菏泽牡丹、青州仙客来、莱州月季、青岛百合等为代表的区域生产格局。青州已经成为北方重要的花卉集散地之一，从20世纪80年代初开始种植花卉，到现在已有20多年的历史，花卉种植规模越来越大，目前全市花卉面积达到1.04万hm^2，成为当地的支柱产业。

此外被誉为“我国蔬菜之乡”的寿光，蔬菜面积已达5.6万hm^2，占总耕地面积的60%，年产蔬菜40亿kg，产值50亿元，农民收入的70%来源于蔬菜产业；冬暖式蔬菜大棚达到40万个，实现了区域化布局、规模化经营、专业化生产。因此山东的设施园艺已经基本形成了青州花卉、寿光蔬菜、青岛果树的产业格局，品牌效应明显。

上海市花卉业发展有明显的区域优势，花卉种苗生产历来是上海的优势，主要品种有非洲菊、唐菖蒲、水仙，其中，水仙花是本市有百年历史的传统特色花卉品种，唐菖蒲是崇明县主栽品种，其销量约占全市1／4。

从种植面积来看，观赏苗木一直是广东第一大花卉种类，其次是盆栽植物类、鲜切花类。从各类花卉的销售额看，盆栽植物取代观赏苗木排第一位。观赏苗木的种植面积占39.5%；盆栽植物19.1%；切花10.5% 。从单位面积产值看，最高的是盆栽植物，每公顷产值23.7万元；其次是草坪，18.2万元；第三是鲜切花类，13.2万元；工业与其他用途花卉的单位产值最低，每公顷产值只有1.2万元。因此广东以观赏苗木为主打产品，积极推动盆花和鲜切花的生产与发展。

位于眉县境内的西部兰花是陕西全省唯一的“全国花卉生产示范基地”、“全国特色种苗基地”，并首批成为我省“全国农业生态旅游示范点”三家单位之一。目前该中心建成266.67hm2高科技生态观光园，生产的蝴蝶兰、红掌、树莓等名贵苗木花卉远销北京、甘肃、山西等数十个城市和地区，辐射周边扶风、眉县农民育苗2000多公顷。

云南以花卉产业为主，其中又以鲜切花闻名中外，呈贡斗南昆明国际花卉拍卖交易中心已成为全国较大规模的鲜切花销售集散地，鲜切花产量占全国总产量50%，鲜切花市场占有率达到全国各大城市市场的70%，因此鲜切花是云南的战略品牌。

4.2.3.5 设施园艺发展组织模式

设施园艺组织模式也是区域发展模式的一个关键要素，只有在合理、可持续的推动模式下，才能形成规模化、产业化发展。

目前，发展设施园艺的组织形式多样，总结起来有以下几种：

① 政府主导，集体、个人参与，形成产地优势：如云南鲜切花、山东寿光蔬菜、北京大兴西瓜等。

② 龙头企业独立发展模式：如山东大王集团、河北集发集团等形成自己的连锁经营。

③ 优势产品带动设施园艺：如北京平谷大桃作为优势产品带动了当地的设施桃栽培。

④ 示范基地建设带动现代设施园艺：如北京特菜基地、上海鲜花港，等等。

5 不同地区设施园艺区域发展模式的建立

5.1 西北地区设施园艺区域发展模式

5.1.1 陕西省

5.1.1.1 设施园艺区域发展模式

根据调查研究和各方面综合分析，结合当地自然条件，以北山和秦岭为界，陕西省设施园艺产业重点规划为三个区域：陕北高原设施发展区，关中平原设施发展区，秦巴山地设施发展区。陕北，包括榆林、延安和铜川部分地区；关中，包括宝鸡、咸阳、铜川、渭南、西安；陕南，包括安康、汉中和商洛。从设施类型上来说，陕北主要是日光和塑料大棚，关中主要为连栋温室、日光温室和塑料大棚，陕南为塑料大棚、中棚和小棚。陕北设施面积约为30%，关中、渭北地区为50%，陕南为10%左右。

(1) 陕北高原设施发展区

陕北晴天多, 阴雨雪天气少, 光照强, 光照时间长, 空气相对湿度小, 具有发展反季节设施蔬菜的得天独厚的自然条件。此设施园艺发展区以榆林榆阳区、靖边县和延安安塞县为中心。目前已形成北部乡镇集中发展大棚茄子，中部乡镇重点发展洋香瓜、黄瓜，南部乡镇主要发展西红柿、葫芦、辣椒的区域化布局。

(2) 关中平原设施发展区

关中盆地是由河流冲积和黄土堆积形成的，地势平坦，土质肥沃，水源丰富，机耕、灌溉条件都很好，是陕西自然条件最好的地区，号称“八百里秦川”。但是光照条件比陕北地区要差一些，并不是发展日光温室的最佳地域。

(3) 秦巴山地设施发展区

秦巴山地设施产业发展相对面积较少，主要集中分布为汉中洋县和安康紫阳。洋县以贯溪、龙亭、洋洲、戚氏四镇为主的55个村建立专业蔬菜基地0.4万hm^2，其中设施栽培0.27万hm^2；紫阳县在现有333.33hm^2蔬菜面积的基础上，以每年近6.67hm^2的速度递增。

5.1.1.2 设施花卉规划

(1) 利用当地优势，重点发展球根花卉生产

秦岭山区的宝鸡、太白、千阳、凤县等地区，主要繁殖品种为郁金香、百合、唐菖蒲、大丽花等。西安、咸阳、渭南等大中城市的郊区建立全年切花生产基地。

(2) 积极发展盆花生产，打造西部兰花生产基地

周至、汉中绿化苗木，眉县红掌，鼎天济农蝴蝶兰，兴平一品红，长安草花，西安盆花等形成一定特色。位于眉县境内的西部兰花是全省唯一的“全国花卉生产示范基地”、“全国特色种苗基地”，并成为陕西省首批“全国农业生态旅游示范点”三家单位之一。

5.1.2 甘肃省

5.1.2.1 设施园艺区域发展模式

甘肃省的设施规划主要是从实际出发，根据实践经验和社会生产情况，结合当地自然条件和社会条件进行的初步规划。通过分析认为，可将甘肃省设施区域划分为三大发展区：

① 河西走廊五市最适宜日光温室产业发展规划圈。

② 沿黄河灌区，包括白银、兰州、定西、临夏，较适宜日光温室产业发展规划圈。

③ 沿黄河灌区、经渭河流域和徽（徽县）成（成县）盆地，包括天水、陇南地区、徽成盆地、平庆山区适宜塑料大棚发展规划圈。

河西走廊、沿黄河灌区、泾河、渭河流域和徽成盆地，集中形成的全省五大设施产业区。主要以河西五市及兰州、白银市等为日光温室重点区，占到全省温室面积的80.23%；加之以河西的张掖、武威，沿黄的兰州、白银和天水、陇南为主的塑料大棚重点区，占到全省塑料大棚蔬菜面积的80.8%。天水市的甘谷、武山川道地区，塑料大棚蔬菜面积接近0.67万hm^2，占全省的1/4，成为大棚生产的最集中地区。

5.1.2.2 设施花卉规划

现已形成以兰州为主的优质鲜切花生产基地，以兰州、定西为主的牡丹、芍药基因研究及其种苗繁育和球根花卉生产基地，以河西为主的优质草花制种基地，以天水、兰州为主的盆花生产基地，以陇南、庆阳、天水、甘南以及河西地区为主的野生花卉和干花开发基地，以陇南、天水为主的盆景及观果观叶植物生产基地。

5.1.3 西北其他地区

5.1.3.1 宁夏回族自治区设施园艺产业定位

(1) 地域优势明显，气候资源优越

宁夏全年日照达3000小时以上， 是我国日照和太阳辐射最充足的地区之一，有利于日光温室建设；空气较为干燥，昼夜温差较大，病虫害较少发生，同时夏季相对干燥冷凉的气候特点，对瓜菜生长十分有利，特别适宜于反季节生产南方市场需求的无公害农产品。

(2) 市场前景广阔，民族特色独到

由于农业产业结构的互补性和宁夏农产品的优良品质，中亚四国及俄罗斯、蒙古等国对宁夏农产品的接受程度普遍较高。从区位来看，从该区将农产品出口到中亚、蒙古等国具备运输距离较短、成本较低的相对优势。另外，独有的穆斯林民族特色优势，出口中东得天独厚。这些有利条件为拓展设施农产品出口业务搭建了良好的平台。

(3) 设施果树得天独厚，品牌效应明显

宁夏地处西北黄土高原，气候干旱少雨，冬季低温来临早，果树落叶早，进入休眠也早。低温量充足，果树可提前满足休眠。加之早春升温快，通常不需人工加温。果树在需冷量满足之后，扣棚越早，果实成熟越早。宁夏冬、春季节很少阴雨，光照强，热量丰富，是我国发展促早果树设施栽培最适宜的地区之一。

(4) 设施产业区域规划

根据不同地区的地域优势，结合当地的产业基础，初步形成了以设施蔬菜、脱水蔬菜、西瓜和甜瓜、露地冷凉菜为主的四大产业布局。其中，以银川市、吴忠市、中卫市为核心的设施蔬菜面积达1.1万hm^2，以番茄、西甜瓜为主打产品，此外银川市、石嘴山市还是果树、花卉优势区，牵动周围花卉市场的发展；以石嘴山市为核心的脱水蔬菜产区0.78万hm^2；以中卫环香山地区、海原县北部、中宁县山区为核心的压沙西甜瓜和以同心、海原、盐池、原州区为中心的地膜西甜瓜3.2万hm^2；以银川市为核心，建设无籽西瓜和小型礼品瓜生产基地；宁南山区冷凉菜1.43万hm2，大力发展西芹、辣椒、西红柿等蔬菜。

5.1.3.2 青海设施园艺区域规划

(1) 发挥当地优势，发展果树主导产业

青海地处内陆高原，冬季低温来临早，果树落叶早，进入休眠也早。设施果树的促成栽培将会比国内同类地区更早。同时青海春季来临迟，气温低，果树发芽较迟，夏季气候冷凉，果树生长发育迟缓，加以技术措施，有利于延迟栽培。青海冬季、春季晴日多，光照充足，紫外线强，果实成熟期间昼夜温差大，果实含糖量高，着色好，质量佳；且生态环境无污染，具有生产优质无公害果品的有利条件。设施果树应以日光温室种植为主，选择品质好的早熟或极早熟品种；延迟栽培应选择品质好的晚熟或极晚熟的品种。

(2) 利用冷凉气候，适时发展设施花卉

青海独特的气候特别适合冷凉花卉、球根花卉的生长。东部多数地区，气候冷凉，非常适合郁金香、唐菖蒲、百合等冷凉花卉的生长，生产出的鲜切花，花大、茎长、花色纯正而鲜艳，种球品质好。因此可以合理利用冷凉气候，加大球根花卉栽培和种球、种苗的生产，打造西北地区球根花卉产业联合发展区。

5.1.3.3 新疆维吾尔自治区设施园艺区域规划

新疆毗邻中亚五国和俄罗斯，国际市场前景广阔，哈萨克斯坦、吉尔吉斯斯坦和出口量较大的乌兹别克斯坦，都是新疆可以拓展的国际市场。据不完全统计，2007年通过新疆南部各口岸出口到周边国家的鲜水果达7万多吨，货值2000多万美元，主要出口到吉尔吉斯斯坦，并通过转口贸易转运到中亚其他国家。

(1) 发展的有利条件

新疆晴天多阴天少，日照时间长，积温多，昼夜温差大，太阳辐射十分丰富，居全国第二；年平均日照时数达2 818 小时 ,居全国之首。有利于喜光植物生长发育、有机物质积累和果实着色。新疆葡萄果实色艳、味甘、产量高，在全国几个葡萄主产区中，含糖量最高，含酸率最低。

(2) 积极发展设施果树，形成葡萄产业链

新疆设施果树栽培面积逐年增加，据不完全统计，包括大中小拱棚在内，目前栽培面积已达6000hm^2，相继出现了乌鲁木齐和石河子等地的草莓，阿图什的杏，叶城的油桃等优势产区。分布区域主要集中在南疆五地州(喀什地区、阿克苏地区、和田地区、克孜勒苏柯尔克自治州、巴音郭楞蒙古自治州)、东疆两地区(哈密地区和吐鲁番地区)以及北疆乌鲁木齐、昌吉、伊犁等地。

葡萄是新疆最具发展潜力的优势树种，在全国无论面积还是质量均居首位。制干葡萄主要发展区域为吐鲁番、和田和哈密地区。鲜食葡萄在南疆的和田、喀什、克州、阿克苏、哈密等地。北疆的沿天山一带可选择中、早熟品种类型鲜食品种和酿酒葡萄，拓展葡萄产业链。

(3) 设施园艺产业总体区划

北疆地区重点开发推广日光温室延迟栽培技术。北疆热量较丰富的市郊发展设施果树，早熟油桃或蟠桃树下种植草莓；乌鲁木齐、昌吉、伊犁等地将以发展反季节蔬菜、食用菌和花卉等为重点。新疆中南部重点研究开发并推广日光温室促早栽培技术，重点占领早春、初夏的反季节果品消费市场和夏季高档果品市场。东疆吐鲁番、哈密地区自然条件独特，充分利用其光热资源丰富，试验示范温室葡萄、瓜类等，以发展反季节西瓜、甜瓜和葡萄生产为重点。南疆五地州将以发展反季节蔬菜、瓜果生产为重点。南疆热量资源丰富，在和硕县、库尔勒市、喀什市、阿克苏市积极试验示范大棚种植。

5.1.4 设施类型区划

设施园艺的根本就是为设施作物生长创造合适的环境，在不适合作物生长的季节、地域提供有利的生长环境，其中温度的调节是影响设施产业成本的最大因素。根据最低气温低于−10℃不宜建设大型连栋温

室的判断，我国三北地区不宜建设大型连栋温室。

新疆地区在设施园艺生产上，冬季加温和夏季降温所需热量多，能耗量大，成为冬季设施园艺发展适宜区的北线。陕西地区冬季加温虽耗能相对较少，但夏季降温能耗大，因此，除冬季考虑加温和保温外，重要的是考虑夏季降温措施。西北其他地区除极端气候区域外，可考虑发展日光温室。此外，西北地区日照时数和太阳总辐射量相对北方其他地区都有一定优势，对于日光温室建设是个非常有利的因素；同时西北地区冬季气温与中部相比较低，夏季气温与其他北部地区相差不大，同时西北地区降水量较少，因此在西北地区发展设施园艺节水灌溉、冬季保温是设施园艺区域规划中要考虑的两个基本因素。

5.1.5 西北地区日光温室设施区划方案

西北地区设施类型规划主要是日光温室的区域规划，通过温度对比，三北地区不适合发展大型现代化温室，因此并不推荐；为了推动设施农业不断现代化和集约化，日光温室，特别是新型日光温室，因其具有空间大，土地利用率高，机械化水平高等优点，是将来设施发展的方向。

西北地区设施区划如下：

西北Ⅰ区：主要包括甘肃河西走廊，平川灌区和中部沿黄河灌区，重点为武威、张掖、酒泉、靖远、红古等18个县(区)；陕西秦岭以北大部分地区，包括榆林的靖远县、定边县、延安的安塞、宜川等地区；宁夏同心以南地区。此区域光、热资源较丰富，冬季温度在北方相对较高，有效生长积温高，同时夏季温度不是很高，这样有利于降低冬季保温和夏季降温带来的成本，属于适宜发展区域。

西北Ⅱ区：主要包括陕西秦岭以南的关中平原及其他地域；甘肃兰州以南，经渭河流域；新疆哈密地区；宁夏北部地区；青海的东北部地区。此区域光、热资源丰富，日照充足，但冬季气温较低，丰富的光资源为日光温室的发展提供了优越的条件，但冬季加温能耗大，属于较适宜发展区域。

西北Ⅲ区：主要包括甘肃的甘南藏族自治州；青海的中部靠东地区；西藏中部部分地区。此区域日照时间长，总辐射是全国之冠，但冬季气温低，有效生长积温低，冬季最低温期间不能很好的保证作物生产，成本高，可慎重考虑发展日光温室，在条件较好的地区，可以充分利用长日照、辐射量大的特点发展。

西北Ⅳ区：新疆北疆地区。冬季漫长、严寒，春季风大，冬季积雪严重，应立足于塑料大棚春提前和秋延后栽培等设施发展。

5.2 华北地区设施园艺区域发展模式（以北京市为例）

西北、华北、东北三北地区是我国设施园艺产业的发展中心，尤其是日光温室产业，发展尤其迅速，我国三北地区包括15个省市区，159个地县级市. 约占国土总面积的58%，占全国总人口40%左右。人口在30万以上的城市有60多个，100万人以上的城市有20多个，这些地区的城乡冬春都缺少鲜菜供应，因此发展日光温室前景广阔。

华北地区属我国北方地区，光热资源丰富，年日照时数介于2400~3400h之间，是光热资源比较集中的地区，在各种相关设施区划的研究中，华北地区各个城市均处于同一个区划产业带中，因此设施区划不作为重点来进行研究和区分，统一划分到日光温室适宜发展的区划产业带中。

5.2.1 设施园艺产业发展区位分析

5.2.1.1 经济优势

北京人均GDP超过9000美元，已经步入世界中上等发达国家和地区的消费水平。北京具有发达的交通网络、功能完善的服务设施、丰富的旅游文化资源。科技教育也较为发达，在历届全国花卉博览会上，北京的科技成果都名列第一。

2008年，全年城镇居民人均可支配收入达到

24725元，比上年增长12.4%。

5.2.1.2 消费优势

花卉消费需求是影响北京市花卉业竞争力的重要因素。庞大的消费人群、较高的经济发展水平、先进的花卉文化，构成了北京花卉的巨大消费空间。目前，北京是中国花卉的三大消费中心之一。2006年全市花卉消费51.89亿元，比2004年增长36%。2007年，北京花卉消费达到60多亿元。

生态农业的发展使绿色消费成为生活潮流，以中国环境标志为代表的绿色产品，已经形成每年550亿元的大市场，而设施园艺正是进行绿色园艺作物产品生产的主要载体。同时结合设施园艺农业观光旅游和生态餐厅等生态消费的理念，开展都市型设施园艺发展新模式。

5.2.1.3 文化优势

北京是中国的文化中心，文化氛围浓厚。北京具有花卉消费的传统习惯。家庭养花，节日买花、送花十分普遍。北京市民的买花需求领先于国内其他城市，因而北京市的花卉产业具备较高的竞争优势。

5.2.1.4 科技优势

北京地区是农业学科完备、综合性较强的农业科技基地，农业基础研究、应用研究、开发研究层次分明，分工明确，集聚在首都的中央及北京市的农业科研力量使北京市发展以科技为支柱的现代化可持续设施园艺产业具有可靠的技术依托。北京集中了全国最多的科研单位和高校研究机构，研究力量强。全国第五届花卉博览会科技成果评选中，北京地区的成果占50%以上。

5.2.1.5 首都优势

北京是中国的政治和国际交往中心，政治活动和国际交往频繁；在京的外国使领馆、外国公司驻华办事机构等达6000多家，星级宾馆饭店数量居全国第一，对花卉有着巨大的消费需求。

城市绿化建设提速。随着经济的持续发展，北京的绿化美化力度进一步加大。以2009年为例，北京市新建了京包高速、六环路、京山铁路、城铁S2线4条生态景观大道，同时新建改建城市公园绿地20处80hm^2，提升100条城市道路的生态景观效果。为花卉业的发展提供了广阔的市场。

5.2.1.6 限制因素

北京总面积为1.64万km^2，其中耕地面积412.1万亩(2003年)，而且呈逐年下降的趋势。北京的土地资源相对匮乏，但土壤类型多样；北京是个水资源缺乏的城市，春秋短促，冬夏较长；北京农业劳动力相对较少，受教育程度较高，劳动力相对昂贵，

市场对绿色产品的需求则会进一步促进北京设施园艺产业模式的优化。

5.2.2 设施园艺产业发展模式

5.2.2.1 城区和六环路以内近郊区组成的城市和近郊设施园艺发展圈

(1) 以海淀区中关村科技园区和昌平区为中心的高科技设施园艺生产和科研示范区

主要包括大东流苗圃和农业局特菜（特种蔬菜的简称）基地、北林科技、小汤山苗圃为龙头的高科技设施园艺生产区。其范围覆盖小汤山、大东流、百善乡和南口镇。该区具有清洁能源，设施先进，技术力量雄厚，规模大，产品品质好。适宜进行高标准的设施园艺产品生产，结合昌平区设施园艺特色，开发设施草莓采摘和生态餐厅等一体化服务，同时昌平区也是重要的特菜基地。

(2) 以海淀区锦绣大地、顺义区顺沿特种蔬菜为中心的蔬菜设施园艺生产区

该区为北京市优质特菜核心供应区，蔬菜种类以深液流水培生菜和球茎茴香、番茄椒、紫菊苣、西班牙番茄、袖珍西瓜、京玉系列甜瓜等为主。

(3) 以通州区设施农业产业带和种苗基地为主的设施园艺生产区

该区包括马驹桥镇小杜社至柏福路、张家湾镇何各庄至于家务乡仇庄路等5条道路沿线作为3个千亩设施农业产业群、54个设施农业产业村以及以中心农业示范园、北京东升方圆为核心的生产企业。

(4) 以朝来园艺农业示范场、王四营、十八里店、双桥为中心的朝阳区设施园艺生产区

该区目前主要是生产高档月季切花、盆花、特色蔬菜等。朝阳区因其在北京的区位优势，以后适合着力发展适合高端消费的设施园艺产品和设施园艺生态消费。

(5) 以丰台区新发地、花乡为中心的蔬菜、花卉流通和集散的设施园艺产业带

随着北京市首都规划将丰台区纳入第一道城市绿化隔离区内，生产逐渐外移，规划将其转型为蔬菜、花卉的物流中心和集散地，以及半成品养护和待上市产品的贮藏等。

5.2.2.2 远郊平原地区组成的平原设施园艺发展圈

(1) 以房山区阎村镇、青龙湖镇、长阳镇为中心的设施园艺生产区

该区以蔬菜和果树设施园艺生产为主，可形成北京市常规绿色蔬菜和特色水果产业设施生产区。

(2) 以大兴区大兴苗圃、人地、蜂鸟、合众力源、信采种养殖为中心的中高档盆花、切花、西甜瓜生产区

该区生产种类主要以中高档盆花、切花、西甜瓜等为主。应该以发展中高档花卉产品和设施瓜果进行该区设施园艺生产建设。

5.2.2.3 北部、西部和西南部山区组成的山区设施园艺发展圈

(1) 以密云、延庆、怀柔、平谷山区为中心的京郊设施园艺生产区

该区具备夏季良好的气候优势，特别适合简易设施条件下的球根花卉生产和不耐热花卉的越夏栽培。宜结合当地传统设施园艺生产，致力开发延庆设施蔬菜及西洋参、黄芩、菊花等药材的设施生产，怀柔草莓、樱桃等反季节种植示范采摘园，平谷大桃和蔬菜设施园艺建设。

(2) 以门头沟京西绿色园艺产业带为中心的京郊设施园艺区

该区是北京原矿业开发力度很大的区域，凭借得天独厚、特色鲜明的自然生态资源，通过建设生态农业区，围绕“生态农业区”的综合开发，培育以特色林果为重点的特色种植业，以草食家畜为重点的绿色养殖业，以观光旅游为重点的休闲观光产业等三大主导产业，真正实现“生态强区、生态富民”。同时加大农业基础设施投入，发展“千亩设施农业园区”。

5.2.2.4 设施类型的选择规划

综合分析冬季连栋温室和日光温室的能量消耗。据相关研究发现，在夜温相同情况的下，日光温室的单位面积日供热量是连栋温室的一半，日光温室更节省能源。在北京冬季条件下，日光温室的日光照强度为15,997lx，而连栋温室仅仅为6740lx，显著小于日光温室，日照时数也低于日光温室，日光温室比连栋温室内的光线强(侯艳霞，2010)。因此对于大多数设施栽培作物来讲，除非需要特别严格的环境条件，如热带盆花栽培，建议选择耗能较小的日光温室。

通过对北京地区主要温室类型的研究，分析了温室内的气温、光照、地温等条件，以蔬菜生产为例，在北京地区发展日光温室需要考虑以下几个因素：

① 北京地区日光温室冬季生产喜温性蔬菜，其温室的前屋面采光角度应达到35°，不能低于30°。

② 后屋面仰角一般应在30°以上，不宜超过

45°，以保证冬季最冷日阳光能够照射到后屋顶和后墙。同时，应尽量增加后坡长度，以提高蓄热保温性。

③ 墙体结构材料与墙体厚度关系到温室的保温性能。北京地区建造的日光温室的墙体内侧应由砖或砖夹聚苯板墙等吸热、蓄热能力强的材料组成，且砖夹聚苯板墙墙体厚度应达到60cm以上，土打墙墙体厚度应达到80cm以上，且墙外要覆土至后坡。

5.3 西南地区设施园艺区域发展模式

5.3.1 设施园艺发展模式建立的基础理论分析

5.3.1.1 西南地区的区位优势

(1) 自然条件优越，生产基础雄厚

四川省地貌复杂，气候多样，既有“内地海南”之称的攀枝花、温光资源充足的凉山州，也有被都江堰灌溉滋润的成都平原，无论是高档鲜切花、盆花、南亚热带观叶植物，还是园林绿化苗木，都有最适宜的生长区域。贵州气候温暖湿润，冬无严寒，夏无酷暑，具有雨热同季的特点，夏秋季节温差大，湿度大，太阳辐射适度，这个季节生产的月季、唐菖蒲、马蹄莲、百合等鲜切花无论色彩、香味、产量等都具有一定市场竞争优势。业内人士点评，西南地区贵阳、昆明、四川攀西地区是最适宜发展花卉的地区。

(2) 种质资源丰富，地域特色明显

西南地区在长期的设施园艺发展过程中形成了很多特色的花卉品牌，如四川郫县、温江的川派盆景；彭州的牡丹、国兰；乐山五通桥的茶花；都江堰和洪雅的杜鹃花等；重庆有蜡梅品种21个，垫江牡丹品种多个；西藏的黄牡丹、杜鹃花、藏报春、兰花等20多个品种闻名国内外；贵州最具特色的火棘盆景和盆栽深受国内外市场的欢迎，耐阴性较强的乡土蕨类植物种数约占全国总数的24.69%；杜鹃花品种丰富，马缨杜鹃花、大白杜鹃花、锦绣杜鹃花具有较高的绿化观赏价值，市场潜力明显；云南省自不必多说，享有“植物王国”和“花卉之乡”的美誉。如蔷薇属的月季，是世界第一大切花，全世界蔷薇属共200个种，我国有82个种，云南就有45个种和变种，而且有许多特异性状。如此丰富多彩的种质资源，为西南地区开发特色、优质、新奇花卉提供了丰富的资源库，将极有利于推动我国花卉产业发展，推动其走向国际社会。

(3) 产业发展良好，品牌效应潜力巨大

2005年，成都温江区成功举办了全国第六届花卉博览会，先后有台湾、上海、广东、浙江等省区的知名花卉企业21家落户温江，总投资额达11.5亿元，大大提高了四川花卉产业水平和档次，有力带动了四川花卉产业的发展。重庆以花为媒，五年来，成功举办了垫江牡丹花节、静观蜡梅花节、渝北绿色生态旅游节、南山樱花节、金佛山杜鹃花节及重庆花卉博览会等活动，大大提高了当地的花卉产业品牌。而云南四季如春，被誉为“四季春城”“花都”，花文化浓厚。“春城无处不飞花”，大理素以“风花雪月”闻名，保山别号“兰城”，丽江家家养花，推门即见；民间食花、饮花、浴花、赶花街、以花为药的传统构成了当地特有的花文化。这一系列因素都极大地促进了西南地区作为我国花卉主产区的地域优势和产业氛围。

5.3.1.2 西南地区的设施类型区划

单从温度方面来讲，西南地区除四川西部甘孜、九龙、北部马尔康和西藏拉萨、云南最北部德钦地区外，全年气温温和，最冷月温度在3~10℃左右，最热月温度在18~27℃左右，冬季保温和夏季降温成本低，适合多数植物生长，特别是花卉产业发展，是设施农业的理想发展区。

西南地区虽然温度适宜，与北方光照条件好，日光温室产业发达地区相比，各月份温度相差大约

3~4℃，最冷月差10℃左右。但是光照条件除西藏外是全国最差的，年日照时数平均只有1000~1600h左右，从实践来看并不适合建设日光温室。因此，西南地区设施农业产业应以连栋钢架大棚为主，在光照条件稍好的西藏和云南北部部分地区考虑建设日光温室。

(1) 大力发展连栋塑膜钢架大棚

结合西南地区的温度、光照特点，应大力发展连栋式塑膜钢架大棚。参考数据为：顶高3~4m，肩高约2~2.15m，单栋的跨度为6m，考虑到一般是采取自然通风，因此最好不要跨数太多，以5~6 跨，面积约1000~1500m^{2}为宜；考虑到卷膜器的设置，大棚的长度以不超过60 m为宜。

同时根据不同的栽培作物，大棚的规格也有所差异(以云南为例)。

表5–1 不同花卉类型连栋塑膜钢架大棚的选择

栽培品种(切花类)	棚高(m)	肩高(m)	跨度(m)	长度(m)
月季	6	4	8	30~50
香石竹	4~8	3	6	40~60
百合	5~6	3~4	6~8	30~50

注：资料来源于地方企业。

(2) 适度发展日光温室建设

滇西北地区(迪庆、丽江等)光照充足，其特点是冬季严寒，长冬无夏，露地难以种植蔬菜；但太阳透射率高，光照充足，年太阳总辐射量在120~150kcal/m^2，为充分利用太阳能的优势，可以考虑建造节能型日光温室。

西藏拉萨、日喀则、林芝等城市的郊区，年日照时数较高，平均3100h左右，可以充分利用太阳辐射建设日光温室进行生产，近年来开发了西藏Ⅰ型、西藏Ⅱ型、山南型及林芝型等节能日光温室，极大地推动了当地的设施农业发展。

5.3.2 西南地区设施园艺区域发展模式的建立

5.3.2.1 四川地区

针对四川盆地光热资源的特点，适合发展耐荫性强和半耐荫的观叶植物。地处川西南山地的攀枝花市冬季受西南支暖流影响，最冷月平均气温高达12℃，对于热带花卉的生产冬季加温的能耗较少，加之该地海拔较高，全年日照长达2300~2700h，所产花卉质量较高，是发展热带花卉和优质鲜切花的理想地区。而盆周如邛海周边丘陵区海拔为2500~2700m，属冷凉气候，土质疏松湿润，富含有机质，是繁育球根花卉种球的优良场所。近年来先后引种郁金香、百合、鸢尾、风信子、唐菖蒲、洋水仙等种球进行繁殖，生产效果良好。

温江、郫县、崇州、新都、都江堰市等地，日照少，温度高，湿度大，观叶植物盆栽及川派盆景发展区；米易、攀枝花金沙江干热河谷低山地带，冬温最高、热量资源丰富，热带、亚热带高档花卉发展区；西昌安宁河、邛海宽谷湖盆区，冬无严寒、夏无酷暑，气候凉爽，日照充足，紫外线强，昼夜温差大，病虫危害较轻，花卉产量、花色、花径、香气均佳，高档鲜切花及良种花卉种球发展区。

作为四川特色产区，彭州重点发展牡丹、国兰；乐山五通桥重点发展茶花；都江堰和洪雅重点发展杜鹃花；大巴山区重点发展兰花和蜡梅；犍为重点发展茉莉花；西南横断山脉重点发展高山花卉。

5.3.2.2 重庆地区

重庆冬暖夏热，多雾、寡日照，年均日照时数只有1250小时。秋冬季云雾多，风速小，空气湿度大。暴雨、高温、强光、病虫多是其显著特点，给设施生产带来很大的不便。因此宜选择适合该地区的暖季型草坪、绿化观赏苗木、盆景、室内观赏植物、宿根地被花卉、干花及某些品种的鲜切花生产。值得一提的是重庆市宿球根花卉资源丰富，有3100余种，通过引种、驯化及栽培试验研究，筛选出具开发利用价值的31个种，发展潜力巨大。此外境内多座千米以上的高山，形成了适于多种经济作物生长的山体农业气候，海拔500m以上的山地，气候冷凉、昼夜温差大，是发展高山蔬菜的理想区域。

根据重庆市产业现状和气候综合条件，规划为：九龙坡、江北、南岸、北碚建成了全国规模最大的红掌生产基地、面积最大的梅花种植基地和蜡梅种植基地。巴南区以发展棕榈科植物为主；沙坪坝区以培育彩叶树为主；九龙坡区、南岸区(蜡梅、盆景、桂花)、北碚区以发展盆(草)花、鲜切花为主；江津区、渝北区、璧山县以发展绿化苗木为主；荣昌县、南川区(玉簪)以发展特色地域花卉为主。

5.3.2.3 贵州地区

贵州年平均气温为10.4~19.6℃，最热月7月份平均气温17~28℃，最冷月1月份平均气温1~10℃，除冬季1~2月喜温果蔬上市难度较大外，其余季节的光热条件均可满足各类蔬菜反季节生产需求，适合发展冬季喜温、部分耐热蔬菜前期半设施辅助的生产。果树方面，由于大部分地区年平均气温为15℃左右，果树自然休眠需冷量不足，同时生长季节雨水多，空气湿度大，易诱发病虫害，造成果实品质下降，设施果树发展受限制严重。因此，在部分温度较低且持续时间长的地区可发展设施油桃，此外设施草莓在贵州部分地区生产效果也不错。在花卉方面，贵州省花卉资源丰富，石蒜、百合、杜鹃花、火棘等品种开发潜力巨大。由于天气潮湿，光照不强，适于杜鹃花、蕨类植物、兰花等阴生花卉的发展。遵义的火棘，毕节的杜鹃花、兰花，贵阳的盆花已形成了一定的规模和特色。

5.3.2.4 西藏地区

西藏气候类型多样，太阳辐射强，光照充足、温度适宜。气温年变化小、日变化大、昼夜温差大，有利于一些作物、果树、蔬菜的经济性状的形成及地下器官块茎、块根等发育充实。在拉萨等地区突出中、高档日光节能温室的建设，重点发展精细菜、特菜和花卉种植；城郊和广大农村突出普通日光节能温室、大中塑料棚的建设，发展反季节温棚蔬菜；水源、道路运输、通电等条件较好的河谷地区，适度建设日光节能温室，重点发展便于运输的蔬菜品种。

5.3.2.5 云南地区

云南省具有寒带、温带、亚热带和热带等多个气候带，由于地形复杂多样，海拔高差悬殊，在小的地理范围内形成了多种生态类型和立体交叉的气候类型，为多种花卉的生长提供了良好的环境条件。仅就昆明地区而言，其四季如春，冬暖夏凉，号称“天然温室”，气候条件异常优越。立足于全国市场，目前已形成的以云南、辽宁、山东为主的切花主产区；以广东、福建、浙江为主的盆花主产区；以广东、福建、海南为主的观叶植物出口基地。因此云南应借助于当地气候和品牌优势，继续推进鲜切花市场发展，促进热带盆花、球根种球、种苗、鲜切花并举。

结合云南的气候条件、区域特色资源、区域市场和设施花卉产业的发展现状，云南的花卉产业区划为滇东南的阴生观叶和彩叶观赏植物发展区；三江并流的鲜切花育种、研发种质资源库建设区；滇中鲜切花和边缘冷凉地区球根种球繁育发展区；滇西国兰、杜鹃花、山茶盆栽植物发展区；滇东球根花卉种球繁育生产区；滇南热带鲜切花、切叶植物生产区。

5.4 华东地区设施园艺区域发展模式

5.4.1 山东省

5.4.1.1 设施园艺产业发展模式的基础分析

山东是瓜菜大省，经过十几年的发展，目前已经形成了设施蔬菜区域化、专业化、规模化的主产区，以及与之相适应的产地批发市场、运销队伍与销地市场，形成了有效的产业化运作。被誉为“中国蔬菜之乡”的寿光，蔬菜面积已达5.6万hm^2，占总耕地面积的60%，年产蔬菜40亿kg，产值50亿元，农民收入的70%来源于蔬菜产业；设施栽培蔬菜平均亩产达到6283kg，产值14139元，效益10893元。是“全国农业标准化示范区建设先进单位”和“全国农产品质量安全工作先进单位”，已连续成功举办十届中国(寿光)国际蔬菜科技博览会。目前推广的无限生长型西红柿、黄瓜株产量可达6~7kg，亩产量可达1.2万kg。同时，寿光市还大力推进技术创新，先后引进推广了300多项国内外新技术、新成果，引用、创建了立体栽培、无土栽培等30多种种植新模式，蔬菜生产中的先进技术和良种覆盖面分别达95%和98%，科技进步贡献率达65%。

寿光蔬菜批发市场占地45.3hm^2，已经成为全国重要的蔬菜集散中心、价格形成中心和信息交流中心，年交易量15亿kg、交易额30亿元，被农业部等八部委联评为“农业产业化国家重点龙头企业”之一，成为南菜北运、北菜南调的中转集散地。

全市蔬菜面积发展到5.6万hm^2，形成了万亩辣椒、万亩韭菜、万亩芹菜等十几个成块连片的蔬菜生产基地，冬暖式蔬菜大棚达到40万个，实现了区域化布局、规模化经营、专业化生产。仅蔬菜一项，农民年人均纯收入达到3500多元。目前全市的农业龙头企业发展到380家，农民合作经济组织发展到120个，有70%的农户进入产业化经营体系；共有322个农产品品种获得国家优质农产品品种认证，有128种涉农产品注册了商标，“乐义”牌黄瓜评为中国名牌农产品。

同时，山东花卉产业也取得了较大的成就，素有“我国花卉之乡”美誉的青州市位于山东半岛中部，从20世纪80年代初开始种植花卉，到现在已有20多年的历史，花卉种植规模越来越大。全市花卉面积达到1.04万hm^2，花卉生产专业村达到126个，从业人员6万多人，专业户1.5万多户，花木种植面积达到0.33万hm^2，年销售收入18亿元，带动相关产业收入60亿元，年产花卉2.1亿株(盆)。中国北方花卉交易中心被列为全国最大花卉市场之一。建成了20万m^{2}的花木交易市场和10万m^{2}设施齐全的花卉交易大厅，在全国设立了130余处销售点，销售网络覆盖全国20多个省(市、自治区)，花卉成为农业增收致富的主导产业。

在果树方面，青岛市设施果树栽培的历史较长，但发展缓慢，进入20世纪90年代后，随着人民生活水平的提高和高收入群体的增加，促使青岛市郊区兴起了草莓、葡萄保护地栽培的热潮。油桃、葡萄、草莓等水果的设施生产进入了一个快速发展的阶段，青岛市设施果树栽培面积由1996年的317.73hm^{2}发展到2001年的2228.73hm^2，从树种结构上看，设施水果生产初期以草莓为主，逐步发展到了油桃、蟠桃、水蜜桃、樱桃、杏以及李等果树。其中草莓设施栽培面积130.7hm^2，占果树设施栽培总面积的58.63%；葡萄设施栽培面积207.72hm^2，约占9.32%；桃树(油桃)设施栽培面积206.87hm^2，约占9.24%；樱桃设施栽培面积133.23hm^2，占5.98%。

5.4.1.2 设施园艺产业发展模式的确立

立足于山东地区设施园艺产业的发展基础，初步确立了设施蔬菜为中心，设施花卉和设施果树协调发展的综合产业规划，以蔬菜为设施园艺产业发展的主体。具体的产业规划为：寿光、济阳、惠民、平原等县、市的日光温室黄瓜主产区；临淄、博兴、广饶、苍山等县、区的日光温室番茄主产区；临淄、寿光等区、市的日光温室西葫芦主产区，苍山、寿光、商河等县、市的日光温室与中小拱棚辣(甜)椒主产区；青州、寿光、聊城等市、县的日光温室与中小拱棚茄子主产区；昌乐、费县、济阳等县、市的大棚西瓜主产区；莘县、寿光、海阳等县、市的日光温室厚皮甜瓜主产区；枣庄市的大棚菜豆主产区等，都是颇具影响的设施蔬菜的代表性主产区。

设施花卉方面，立足于青州市，辐射带动其他地区的产业发展。以仙客来、杜鹃花、桂花、兰花、各类草花、绿化苗木等1600多个品种为主栽品种，远销北京、天津、新疆等20余个省、市、自治区。时令花卉年产量在8000万盆以上，主要分布在黄楼、益都等乡镇。

设施果树方面，在崂山、城阳区建成了草莓设施栽培区；在莱西、平度建成了设施葡萄、桃栽培区；同时在莱西、平度扩大建成了设施草莓、大樱桃基地；在胶南建成了设施杏和葡萄基地。生产基地较为集中，主销北京、上海、大连和天津等地。

5.4.2 上海市

5.4.2.1 设施园艺产业发展模式的基础分析

(1) 气候条件

上海全年总辐射量在南方居中，日照时数相对较长，有效生长积温较高，冬季气温不低，属于适宜发展温室区域，适宜大型温室发展，但要注意防风防雪。上海位于长江三角洲前缘，北纬31° 14′，东经121° 29′，属亚热带季风气候，地势平坦，土壤肥沃，水源充沛，气候温暖，日照较多，热量充裕，但是，也有不利因素，降水变率较大，经常受到热带风暴的侵袭，西部地势低洼，沿海垦地盐碱危害。总体而言则利多弊少。

(2) 消费水平

随着消费水平的增长和国际经济秩序的变化，世界花卉主要消费市场以亚洲的潜力最大，尤其是日本和中国的市场巨大。上海设施产业的发展与上海经济发展水平密切相关。2007年，上海GDP为全国平均水平的4.3倍，平均增速也高于全国水平。到2011年，城镇居民人均可支配收入可达到30,000元左右，农村居民人均纯收入达到15,000元以上。上海经济发展水平位居全国前列，极大地带动了设施产业的发展。我国花卉消费需求量每年以高于20%的速度递增，较世界花卉平均消费量水平高10%。上海同其他城市相比，消费水平较高，国外在沪机构及各种国际活动较多，企业日益注重高档鲜切花和盆花的生产。以生产蝴蝶兰、大花蕙兰、红掌、彩色马蹄莲、凤梨、一品红等中高档盆花为主的上百家花卉企业，产值均在亿元以上。

(3) 技术支撑

高素质的技术队伍为上海设施农业的发展提供了强有力的技术支撑。此外，创新研究是上海设施农业不断前进的原动力。从20世纪70年代开始，设施农业就已经是上海科研立项的重点，“九五”期间更是重点资助研究的领域，在研究的深度、涉及的范围、科研投入的强度和来源等方面均有显著的增加。在研究过程中，实现了科研院所与生产单位的联合攻关。

(4) 标准化建设

在市政府的扶持与科研院所的协助下，各大龙头企业已先后制定出蝴蝶兰、大花蕙兰、凤梨等200多个新品种的“企业生产标准”，“十一五”计划将重点放在开展具有自主知识产权的花卉种源研发上，如上海鲜花港借助科研院校的产学研联盟优势，搭建引进、消化、吸收国外先进技术平台，带动上海花卉业的发展，2007年完成了红掌、凤梨等的《植物新品种DUS测试技术指南》研究项目和温室花卉太阳能节能项目的一期工程。

花卉MPS认证是由荷兰MPS基金会于1996年发起的，已经成为世界通行的花卉认证形式，在中国国内尚未普及。上海不少企业在多年的生产实践中，结合行业标准，制定了企业内部标准，并以此作为花卉生产的质量参照体系。还有部分企业按照市场通行的标准，或者是客户的需求来制定生产标准。这些企业虽然有不少也是以出口花卉生产为主，但对MPS花卉认证体系却知之甚少。2007年2月7日，上海市出入境检验检疫局组织举办了MPS花卉认证培训班。上海市农业委员会作为上海市花卉业的主管部门，已经开始对全市范围内的大型花卉企业进行走访调研，并通过书面资料、座谈会等形式宣传MPS花卉认证，增强企业的环保意识和质量标准意识。2008年，上海市闵行区苗圃、上海鲜花港德鲁仕植物有限公司和上海鲜花港三益农业生物技术有限公司，均通过MPS认证。

MPS花卉认证对上海花卉业界来说还是个比较新的概念。然而，MPS认证作为可能潜在的技术壁垒，将会影响到国内花卉企业将来的花卉出口。所以，在国内尽快引入和推广MPS花卉认证，并使之像农产品安全认证一样成为生产者和消费者的共识是迫在眉睫的事。另一方面，通过了MPS认证的企业，其花卉产品在国际市场上的竞争力将大大提高。

(5) 优势产业

花卉种苗生产历来是上海的优势。2007年花卉种苗生产总量约3.3亿株，比2006年2.7亿株，增加了22.2%。其中，出口增长了111.3%。上海种苗生产品种多达1000多种，主要是非洲菊、香石竹、菊花、蝴蝶兰和草花。2007年菊花种苗生产量比2006年增加了115%；蝴蝶兰增加了2000多万株，主要以出口为主。上海虹华园艺有限公司从2001年出口800万株菊花种苗起，平均每年以30% 左右的增长幅度提高出口量。上海大地园艺种苗公司的非洲菊、六出花、白掌、合果芋、银苞芋、玉簪、补血草等组培苗，上海鲜花港企业发展有限公司的蝴蝶兰、凤梨、天竺葵、一品红和红掌切花等种苗，上海振东园艺公司的香石竹、菊花切花、常春藤切叶，上海天禄园艺有限公司的菊花切花等都是出口的主要品种。2005年起，一些合资蝴蝶兰企业也纷纷将产业转向国外市场，年出口蝴蝶兰种苗都达几千万株，成为上海花卉界出口的后起之秀。

鲜切花是花卉产业发展的主体，上海一直保持着全国鲜切花种苗生产和供应的龙头地位，为了保证种苗的生产，不少花卉企业不断投资建设一流的设施设备，采用先进的育苗方法，维护“上海品牌”信誉。但近几年，由于昆明等地凭着独特的气候优势和低廉的劳动力优势，鲜切花大举进入上海，对设施设备投入多、成本高的上海鲜切花生产冲击较大。鉴于这种情况，不少企业积极开展异地合作，到气候条件好的昆明等地直接生产鲜切花，或与当地企业合作生产鲜切花，然后再返销上海。由于成本下降，效益提升，越来越多的企业开始采取异地合作的方式。

5.4.2.2 设施园艺产业发展模式的确立

立足于上海市设施园艺产业发展特点，初步定位于种苗、鲜切花生产为主体的产业发展规划。具体的产业区划为：非洲菊生产主要分布在南部地区，2007年底生产面积为277hm^2，占总面积92.6%，其中浦东新区、南汇区、奉贤区3个区有以生产优质切花非洲菊为主的约600hm^{2}基地。崇明县以生产宿根花卉为主，以生产唐菖蒲、水仙为主的基地有200hm^2，其中，水仙花是本市有百年历史的传统特色花卉，唐菖蒲是该县主栽种，其销量约占全市1/4。闵行区有200hm^{2}以鲜切花、盆花为主的基地；南汇区有上千亩以月季、非洲菊等种苗为主的基地。

松江区是上海花卉产业发展的领头羊，已成为市郊最大的中高档盆花、观叶植物、鲜切花生产基地，市郊最大境内外花卉企业聚集区和市郊最大的花卉产地。2007年，全区花卉种植面积已达1000hm^2，其花卉种植面积和销售产值占全市40%左右，形成了1000万株盆花生产基地和500万枝菊花出口基地。预计到2010年，全区花卉种植面积将达0.13万hm^2。"十一五"计划2010年全区投入2.5亿元资金，全面完成668.67hm^2上海浦南万亩基地项目的建设。

此外，依托于上海市的经济基础，还应积极推动示范基地的建设，发展都市型设施园艺产业。科技示范基地的发展形式多样、类型复杂。按管理经营方式，可划分为政府主导型科技试验示范基地、科教单位主导型科技试验示范基地、企业主导型科技试验示范基地、农村经济合作组织主导型科技试验示范基地。

崇明区现代农业示范基地总面积为135km^2，在设施菜田等方面取得了显著的成效。奉贤现代农业园区是上海市首批启动的4个市级园区之一，凭借农业龙头企业集聚效应，园区显现出强大的辐射带动功能，带动市内面积3.33万hm^2，市外面积7.33万hm^2。上海孙桥现代农业开发区以现代科技武装的工厂化、设施化农业为基础，以高科技生物工程与设施农业相关的农产品加工业为主导，以内外贸易为纽带，走产销一体、农科游结合的农业产业化道路。开发区重点发展的六大主导产业包括了以蔬菜、花卉为主体的种子种苗产业和以绿色蔬菜、食用菌、花卉为主体的设施农业产业。

5.5 华南地区设施园艺区域发展模式（以广东省为例）

由于广东是一个缺粮大省，为了不过多地占用粮食耕地，花卉种植面积控制在6万～7万hm^2，高档盆花、观叶植物、岭南盆景、草坪和热带亚热带观赏苗木等一直都是广东花卉产业和设施园艺的优势产品，需要重点发展。

广东省的设施园艺区域规划主要可以分为北区和南区。南区的靠海南省的部分可以再单独划分为一个热带区域。

北区包括广东省大部地区，该区气候属亚热带湿润季风气候，温暖多雨，夏季炎热，冬季低温多阴雨，热量资源丰富，年太阳总辐射4127～4951MJ/m^2左右，年日照时数(平均1736小时)及冬季日照时数(平均300小时)偏低，日照百分率31%，冬季平均30%，处于日照偏低值区，风压居中，雪压较小或无雪压。该区设施园艺类型主要为竹木结构塑料大棚。该区冬季温度较高，温室内1月份需短期加温外，1年有2/3时间需降温，温室利用率低，如周年利用则夏季降温是最大障碍，并存在冬季光照不足现象。该区应适当发展以冬季越冬、夏季利用外遮阳网遮阳、挡雨为目的的标准塑料大棚，其使用寿命长，抵抗自然灾害能力强，适于农户个体经营，在经济发达地区可因地制宜建造自动化程度较高的连栋温室种植高档蔬菜和花卉，但设计制造应注意以自然通风与其他降温措施相结合，注意采光和补光。

南区包括广东南部沿海城市，该区气候终年暖热，长夏无冬，雨季多台风，年太阳总辐射4548～5785MJ/m^2。左右，年日照时数平均2029小时，冬季日照时数平均397小时，年均日照百分率46%，冬季日照百分率41%，辐射、光照条件较好，有效生长积温在南方区最高，为南方地区的"天然温室"。该区设施园艺类型主要为夏季遮阳网覆盖，冬春季塑料薄膜覆盖栽培，还有一些国产及进口连栋温室，尤以深圳大型设施类型较多，如从美国、法国和加拿大等国引进高档园艺设施，并有一些国产连栋温室。该区经济发达，交通和航运方便，可适当发展自动化程度较高的现代化温室，开拓冬夏兼用的热带、亚热带智能型温室，生产高附加值园艺产品，并可结合旅游观光，但温室设计应特别注意抗台风和耐高温暴雨；另外可发展以遮阳网、防雨棚为主体的园艺设施类型。

热带区域包括湛江市的一些区域，这些区域处于热带的北端，温度高，湿度高，热带植物资源丰富，南面又邻近兰花资源丰富和技术较为雄厚的海南省，非常适合在该地区发展热带兰花和其他热带花卉的生产。

6 设施园艺区域发展模式下的技术标准研究

设施园艺方面标准化研究主要是三个方面：设施结构标准化、设施生产技术规程、设施产品标准化。近年来中国温室行业在借鉴国外温室行业、总结国内设施园艺发展经验的基础上，相继出台了一些设施园艺相关标准，但仍然主要集中在温室结构标准化方面。通过对标准文献的收集、归纳、总结和分析发现，国内的蔬菜果树园艺生产技术规程日趋完善，但是针对设施园艺的生产技术规程至今仍是较大缺口。花卉方面，国家标准和行业标准的内容主要针对产品质量分级和采后处理、运输、包装等方面，亦缺乏生产技术规程。由于没有统一的生产技术规程，设施园艺生产水平和产品质量参差不齐，严重影响产品的出口，阻碍了国内设施园艺的进一步发展。因此在特定发展模式下的技术标准研究非常有必要。

6.1 研究方法

主要采取传统的文献研究法，同时使用历史分析和逻辑分析相统一，实证研究和规范研究相结合的方法，对已有的文献资料进行收集、整理、归纳、分析，以总结出我国设施园艺发展现状、标准制定状况(以生产技术规范化为主)。根据文献的统计结果，提出自己对现状的见解和对未来发展的建议，并在充分查阅和总结标准文本的情况下，根据已有各种生产技术规程作为范本，依照设施园艺产品的特殊习性，进行设施园艺生产技术标准化研究的探索，制定设施园艺产品生产技术规程的范例。

6.2 研究内容

研究内容主要是我国设施园艺技术标准的制定状况(以生产技术规范化为主)，现有的各种生产技术规程，并在此基础上，依照设施园艺产品的特殊习性，进行设施园艺生产技术标准化研究的探索，制定设施园艺产品生产技术规程的范例。

6.3 结果与分析

6.3.1 标准的分类

从层次、性质、对象等不同角度对标准进行分类。常用的国际和国内标准分类如下：

6.3.1.1 国际标准分类

在国际上，标准分为六类：即国际标准、区域标准、国家标准、行业标准、地方标准和企业标准。

① 国际标准：由主权国参加组成的世界性标准化组织，按一定的工作程序，通过有组织的合作和协商，制定发布的标准；国际标准在全球范围内适用。

② 区域标准：由区域性国家集团或标准化团体为其共同利益而制定发布的标准。如欧洲标准化委员会(CEN)，泛美标准化委员会(COPANT)等制定的标准。区域标准只能在该区域的国家集团范围内适用。

③ 国家标准：由合法的国家标准化组织制定和

发布的标准，在全国范围内适用。我国的国家标准分为强制性标准和推荐性标准。强制性标准，在全国范围内强制执行，不符合强制性标准的产品，禁止生产、销售和进口；推荐性标准，国家鼓励企业自愿采用，但推荐性标准一旦纳入指令性文件，将具有相应的行政约束力。

④行业标准：由行业标准化组织制定和发布的标准，在该行业范围内适用。行业标准是当无国家标准时，根据本行业的需要而制定的，一旦有了国家标准，对应的行业标准应自动废止。

⑤地方标准：由地方标准化组织制定机构制定发布的标准，在该地方使用。当有相对应的国家标准时，地方标准应自行废止，地方标准只有省级以上地方政府的标准化部门有权制定和批准。

⑥企业标准：由企业制定发布的标准。企业标准的制定一般应以国际标准或国外先进标准、国家标准、行业标准、地方标准为基础。若有强制性标准时，企业标准必须完全达到强制性标准的要求。

6.3.1.2国内标准分类

我国标准等级：根据《中华人民共和国标准化法》(1988年12月29日公布)的规定，我国标准分为国家标准、行业标准、地方标准和企业标准四级。

6.3.2 设施园艺技术标准化研究内容

设施园艺方面标准化研究主要是三个方面：设施结构标准化、设施生产技术规程、设施产品标准化。

6.3.2.1 设施结构标准化

到目前为止，我国还没有正式出版成套的设施结构及建造的标准(除农业部和机械行业出版了“部分行业标准”部分)，所以，全国各地都按无规则标准建造不同设施，必定造成结构不标准，造价较高，提高成本，难以评价。而国际上美国、荷兰、日本等国家有明确的建造标准，便于工业化生产，因此，尽快出台成套设施结构标准尤为重要。

6.3.2.2 设施生产技术标准化

目前来说，温室作物生产技术都是比较零散或经验性的，尤其是大型温室生产，成套操作技术规范较少，造成温室产量低，效益差等。像荷兰、以色列、日本等设施农业发达的国家，温室内生产工艺是集约化、规范化和专业化，不仅温室设备硬件较强，而且温室管理软件较全。因此，温室黄瓜、番茄每公顷产量能达到45万kg的高产，而且依靠计算机和机械化操作，用人极少，生产效益较高。我国温室生产中育苗、施肥、灌水、植株调整、病虫害防治等方面缺乏有效而科学的标准体系，靠经验的较多，这与国际水平相差甚远，急需解决。

6.3.2.3 产品标准化

国际上许多产品是有规范与标准的，质量是有保证的，而我国温室内产品分级无标准、质量差，包装加工较落后，特别是有污染的产品不仅难以出口创汇，而且对人们身心健康也有危害。因此，追求绿色食品生产和标准化产品上市已成为当前重要的发展内容。

本书主要针对设施生产工艺标准化(生产技术规程)进行总结、探讨及制定。

6.3.3 设施园艺标准化制定情况

6.3.3.1 温室结构标准

我国的温室设施发展经历了塑料大棚、日光温室、各种连栋温室阶段。随着温室设施的发展，温室的标准化工作也一直在持续进行当中，我国第一部设施农业的国家标准GB4176 –1984《农用塑料棚装配式钢管骨架》于1984年实施(2000年编号修改为NY/T7–1984)。在此之后，温室标准化进入了发展相对缓慢的阶段。直至1995年后，中以示范农场的建立拉开了大型连栋温室在国内大规模发展的序幕。随后上海市政府花费1亿元的巨额资金从以色列和荷兰共引进15hm^{2}大型现代化温室，开始了我国研究和示范大型现代化温室的第二次创业。“九五”期间国家科技部不失时机地启动了国家重大科技产业工程——“工厂化高效农业示范工程”项目，在全国6个省市开展研究示范，使温室行业的发展有了质的飞跃。大型温室快速发展的局面，同时也掩盖了温室生产和管理中各种技术细节上的漏洞，随着时间的推移和大面积温室的建设和发展，各种温室技术细节问题逐渐暴露了出来，温室市场发展混乱，温室企业技术力量层次悬殊，有关温室运营效益差、温室管理水平低等问题成为了人们关注的焦点，温室标准化的问题逐步提到了议事日程。加入WTO后，面对世界各国温室企业的挑战，中国温室市场更需规范，要实现我国温室产品走向世界的目标，温室设备及其生产管理都必须与世界接轨，实行规范化生产。由于现代化温室和钢结构日光温室骨架是一种工厂化生产产品，工厂化生产的要求，必须配套相应的生产和安装标准才能实现对产品质量的控制，温室的高速度发展必然离不开强有力的标准化体系的支持，因此，全国设施园艺的兴旺发展也使温室标准化的发展迎来了一个新的发展时期。

首先温室企业自发起草和编写自己的企业标准，如北京锦绣大地2000年起草并提出了10个企业温室标准，囊括了从温室设计、施工、验收和维护管理等多个方面，其中设计标准包括:《温室结构设计荷载标准》、《温室通风系统设计标准》、《温室结构热损失标准》、《防火安全标准》、《温室电气设计的考虑》；温室施工标准包括：《施工标准》、《覆盖工程》和《外购覆盖材料的标准》。上海都市绿色工程有限公司、深圳绿棚温室设施公司等温室企业在1999～2000年都相继起草了自己的企业标准。农业部从1999年开始启动了农副产品标准专项，每年一批，每批约300项，其中温室相关标准在每批专项中都占有一席之地。第一批标准专项列入了《日光温室使用技术条件》；第二批列入了《温室建设标准》和《日光温室建设标准》；第三批列入了《温室地基基础设计、施工与验收规范》；第四批列入了《温室齿条开窗机》、《温室齿条拉幕机》和《日光温室效能评价技术规范》；第五批列入了《设施园艺工程专业名词术语标准》、《温室通风系统设计规范》和《温室透光覆盖材料无滴性测定方法与检验规则》（周长吉，2003）。2002年农业部还组织完成了2003～2007年度5年标准制定规划。随着温室行业中大批相关标准面世，温室行业发展将会真正走向标准化时代。

表6-1 我国已实施的温室结构标准

编号	标准号	标准名称
1	GB/T 23393-2009	设施园艺工程术语
2	GB/T 19791-2005	温室防虫网设计安装规范
3	GB/T 19561-2004	寒地节能日光温室建造规程
4	GB/T 19165-2003	日光温室和塑料大棚结构与性能要求
5	GB/T 18621-2002	温室通风降温设计规范
6	GB/T 18622-2002	温室结构设计荷载
7	NY/T 1823-2009	温室蔬菜穴盘精密播种机技术条件
8	NY/T 1831-2009	温室覆盖材料保温性能测定期方法
9	NY/T 1832-2009	温室钢结构安装与验收规范
10	NY/T 1362-2007	温室用聚碳酸酯中空板
11	NY/T 1363-2007	温室用铝箔遮阳保温幕
12	NY/T 1364-2007	温室齿条开窗机

（续）

编号	标准号	标准名称
13	NY/T 1365-2007	温室齿条拉幕机
14	NY/T 1420-2007	温室工程质量验收通则
15	NY/T 1451-2007	温室通风设计规范
16	NY/T 1452-2007	温室透光覆盖材料防露性测试方法
17	NY/T 1553-2007	日光温室效能评价规范
18	NY/T 1145-2007	温室地基基础设计、施工与验收技术规范
19	NYJ/T 06-2005	连栋温室建设标准
20	NYJ/T 07-2005	日光温室建设标准
21	NY/T 610-2002	日光温室技术条件
22	DIN EN 12833-2001	天窗和温室滚动遮板.耐雪荷载性.试验方法
23	JB/T 10296-2001	温室电气布线设计规范
24	JB/T 10288-2001	连栋温室结构
25	JB/T 10297-2001	温室加热系统设计规范
26	JB/T 10306-2001	温室控制系统设计规范
27	JB/T 10292-2001	温室工程术语
28	JB/T 10286-2001	日光温室结构
29	BS EN 12669-2000	温室和非家庭空间补偿加热用直接燃气式热空气吹风机

注：资料来自中国国家标准咨询服务网.2008

6.3.3.2 生产技术标准

我国已制定的生产技术规程多为蔬菜、果树，无公害食品生产技术规程系列由中华人民共和国农业部发布于2001～2002年共计33种，涵盖了蔬菜、果树园艺中的主要品种。在生产技术规程的内容中，主要包括产地环境和生产管理措施，适用于国内无公害食品的生产。在果树生产技术标准内容中包括果树园艺作物的生产园地选择与规划、栽植、土肥水管理、整形修剪、花果管理、病虫害防治和果实采收等技术。在蔬菜生产技术标准中主要包括产地环境、栽培季节、整地施肥、播种、田间管理、病虫害防治、采收等技术，形成了结构完整、覆盖全面、步骤明确、内容详实的生产管理标准体系。

在无公害食品生产技术规程中，已注明该生产技术规程适用于设施栽培或者保护地栽培，但并未以此分类，即没有统一的设施园艺生产技术标准。近年来，关于温室等保护地设施建筑标准、安全标准、环境质量评价标准都在不断完善。设施保护地栽培技术标准也即将出台，以设施园艺生产为范围，根据不同的品种，选择适当的设施栽培技术，并制定出具体的实施标准。

表6-2 我国已实施的园艺类(果树、蔬菜、花卉)生产技术规程

编号	标准编号	标准名称	发布日期	实施日期
1	NY/T1657－2008	花卉脱毒种苗生产技术规程——香石竹、菊花、兰花、补血草、满天星	2008-07-14	2008-08-10
2	LY/T1735－2008	建兰生产技术规程与质量等级	2008-03-31	2008-05-01
3	GB/T 19369-2003	温室蔬菜产地环境质量评价标准	2006-11-17	
4	LY/T1633-2005	中国水仙种球生产技术规程和质量等级	2005-08-16	2005-12-01

（续）

编号	标准编号	标准名称	发布日期	实施日期
5	LY/T 1632-2005	人参榕生产技术规程和质量等级	2005-08-16	2005-12-01
6	NY/T878-2004	兰花(春剑兰)生产技术规程	2005-01-04	2005-02-01
7	GB/T 19368-2003	草皮生产技术规程	2003-11-10	
8	HJ/T333	草坪草种子生产技术规程	2003-11-10	2004-5-1
9	NY/T 5197-2002	有机茶生产技术规程	2002-07-25	2002-09-01
10	NY/T 5183-2002	无公害食品杨桃生产技术规程	2002-07-25	2002-09-01
11	NY/T 5180-2002	无公害食品哈密瓜生产技术规程	2002-07-25	2002-09-01
12	NY/T 5178-2002	无公害食品菠萝生产技术规程	2002-07-25	2002-09-01
13	NY/T 5174-2002	无公害食品荔枝生产技术规程	2002-07-25	2002-09-01
14	NY/T 5176-2002	无公害食品龙眼生产技术规程	2002-07-25	2002-09-01
15	NY/T 5124-2002	无公害食品窨茶用茉莉花生产技术规程	2002-07-25	2002-09-01
16	NY/T 5121-2002	无公害食品饮用菊花生产技术规程	2002-07-25	2002-09-01
17	NY/T 5114-2002	无公害食品桃生产技术规程	2002-07-25	2002-09-01
18	NY/T 5111-2002	无公害食品西瓜生产技术规程	2002-07-25	2002-09-01
19	NY/T 5108-2002	无公害食品猕猴桃生产技术规程	2002-07-25	2002-09-01
20	NY/T5105-2002	无公害食品草莓生产技术规程	2002-07-25	2002-09-01
21	NY/T 5102-2002	无公害食品梨生产技术规程	2002-07-25	2002-09-01
22	NY/T5094 -2002	无公害食品蕹菜生产技术规程	2002-07-25	2002-09-01
23	NY/T 5092-2002	无公害食品芹菜生产技术规程	2002-07-25	2002-09-01
24	NY/T5090 -2002	无公害食品菠菜生产技术规程	2002-07-25	2002-09-01
25	NY/T5088 -2002	无公害食品鲜食葡萄生产技术规程	2002-07-25	2002-09-01
26	NY/T5085 -2002	无公害食品胡萝卜生产技术规程	2002-07-25	2002-09-01
27	NY/T5083 -2002	无公害食品萝卜生产技术规程	2002-07-25	2002-09-01
28	NY/T5081-2002	无公害食品菜豆生产技术规程	2002-07-25	2002-09-01
29	NY/T5079 -2002	无公害食品豇豆生产技术规程	2002-07-25	2002-09-01
30	NY/T5077 -2002	无公害食品苦瓜生产技术规程	2002-07-25	2002-09-01
31	NY/T5075 -2002	无公害食品黄瓜生产技术规程	2002-07-25	2002-09-01
32	NY/T5015 -2002	无公害食品柑橘生产技术规程	2002-07-25	2002-09-01
33	NY/T5012 -2002	无公害食品苹果生产技术规程	2002-01-04	2002-09-01
34	NY/T495-2002 -2002	东北地区大豆生产技术规程	2002-07-25	2002-02-01
35	NY/T5025 -2001	无公害食品杧果生产技术规程	2001-09-03	2001-10-01
36	NY/T5022-2001	无公害食品香蕉生产技术规程	2001-09-03	2001-10-01
37	NY/T 5018-2001	无公害食品茶叶生产技术规程	2001-09-03	2001-10-01
38	NY/T 5009-2001	无公害食品结球甘蓝生产技术规程	2001-09-03	2001-10-01
39	NY/T 5007-2001	无公害食品番茄保护地生产技术规程	2001-09-03	2001-10-01
40	NY/T 5006-2001	无公害食品番茄露地生产技术规程	2001-09-03	2001-10-01
41	NY/T 5004-2001	无公害食品大白菜生产技术规程	2001-09-03	2001-10-01

（续）

编号	标准编号	标准名称	发布日期	实施日期
42	NY/T 5002-2001	无公害食品韭菜生产技术规程	2001-09-03	2001-10-01
43	NY/T 441-2001	苹果生产技术规程	2001-09-03	2001-10-01
44	NY/T 442-2001	梨生产技术规程	2001-02-12	2001-05-01

注：标准编号中GB代表国家标准，LY代表林业标准，NY代表农业标准；资料来源：中国国家标准服务网,2008。

6.3.3.3 设施花卉生产技术标准

已出台的花卉方面的标准大部分为产品质量分级标准。由于我国花卉行业起步较晚，发展还不成熟，在专业化生产、集约化经营、规范化管理等方面与世界先进水平还有一定的差距，为规范花卉生产和市场，提高花卉产品质量，推动我国花卉业持续健康发展，于2000年发布了《GB/T18247主要花卉产品等级》国家标准。共分为7个部分，分别是：鲜切花、盆花、盆栽观叶植物、花卉种子、花卉种苗、花卉种球、草坪。标准中，产品质量标准一般具有公共标准和具体产品标准，表6-3、表6-4所示为盆花、切花产品公共标准。《GB/T18247主要花卉产品等级》标准中，具体产品标准选取重要的花卉产品分别列出，具体的产品名称见表6-4。在农业部发布的行业标准中，部分切花的质量评价标准则分别发布实施，见表6-5，表中所列植物月季、唐菖蒲、香石竹、菊、满天星在国家标准GB/T18247中已做等级划分规定，但相比较《GB/T18247主要花卉产品等级》国家标准，更加详实。已制定的切花标准全部是针对切花产品质量分级、检验规则、包装、标志、运输和贮藏技术要求，并没有生产技术规程方面的标准。生产没有规范化，产品质量的规范化则缺乏基础。

表6-3 盆花产品质量等级划分公共标准

	一级	二级	三级
整体效果	外观新鲜，花朵大小和数量正常；生长正常，无衰老症状；符合该品种特性。植株大小与盆的大小相称	外观较新鲜，花朵大小和数量较正常；生长正常.无衰老症状，符合该品种特性。植株大小与盆的大小相称	外观较新鲜；生长较正常；符合该品种特性。植株大小与盆的大小基本相称
花部状况	含苞欲放的花蕾者≥90% 初花者10%～15% 花色纯正，无褪色或杂色斑点，花形完好整齐;花枝(花梗、花序梗或花莛)健壮	盛花者30%～50% 花色纯正，无褪色，花形完好较整齐；花枝(花梗、花序梗或花莛)较健壮	盛花者60% 花色纯正，无褪色，花形完好较整齐;花枝(花梗、花序梗或花莛)较健壮
茎叶状况	茎、枝(干)健壮，分布均匀；叶片排列整齐，匀称，形状大小完好，色泽正常，无褪色	茎、技(干)健壮，分布较均匀；叶片排列整齐，匀称，形状大小完好，色泽正常，无褪色	茎、枝(干)健较壮，分布较稀疏;叶片排列较整齐，色泽正常，略有褪色、落叶
病虫害或破损状况	无病虫害、折损、擦伤、压伤、冷害、水渍、药害、灼伤、斑点、褪色	无病虫害、折损、擦伤、压伤、冷害、水渍、药害、灼伤、斑点、褪色	有不明显的病害斑迹成微小的虫孔，有轻微折损、擦伤、压伤、冷害、水渍、药害、灼伤、斑点或褪色
栽培基质	必须使用经过消毒的无土基质		

资料来源：GB/T 18247.2-2000。

表6–4 鲜切花质量等级划分公共标准

	一级品	二级品	三级品
整体效果	整体感、新鲜程度很好，成熟度高，具有该品种特性	整体感、新鲜程度好，成熟度较高，具有该品种特性	整体感、新鲜程度较好，成熟度一致，基本保持该品种特性
病虫害及缺损情况	无病虫害、折损、擦伤、压伤、冷害、水渍、药害、灼伤、斑点、褪色	无病虫害、折损、擦伤、压伤、冷害、水渍、药害、灼伤、斑点、褪色	有不明显的病害斑迹或微小的虫孔，有轻微折损、擦伤、压伤、冷害、水渍、药害、灼伤、斑点或褪色

资料来源：GB/T 18247.1–2000。

表6–5《GB/T18247主要花卉产品等级》标准中具体花卉种类列表

鲜切花GB/T18247.1–2000			
1	月季(*Rosa*)	6	满天星(*Gyposphila elegans*)
2	唐菖蒲(*Gladiolus hybridus*)	7	亚洲型百合(*Lilium* (Asiatic hybrids))
3	香石竹(*Dianthus caryophyllus*)	8	东方型百合(*Lilium*(Oriental hybrids))
4	菊花(大菊类)(*Dendranthema×grandiflorum*)	9	麝香百合(*Lilium longiflorum*)
5	非洲菊(*Gerbera jamesonii*)	10	马蹄莲(*Zantedeschia aethiopica*)

盆栽观叶植物GB/T18247.3–2000			
1	盆栽香龙血树(巴西木、巴西铁)(三桩)(*Dracaena fragrans*)	13	盆栽美叶芋(*Alocasia sanderiana*)
2	盆栽香龙血树(巴西木、巴西铁)(单桩型)(*Dracaena fragrans*)	14	盆栽金皇后(*Aglaonema commutatum*)和银皇后(*Aglaonema commutatum*)
3	盆栽香龙血树(巴西木、巴西铁)(自根型)(*Dracaena fragrans*)	15	盆栽大王黛粉叶(*Dieffenbachia amaena*)
4	盆栽朱蕉(*Cordyline terminalis*)	16	盆栽变叶木(洒金榕)(*Codiaeum variegatum*)
5	盆栽马拉巴栗(发财树)(3–5鞭型)(*Pachira aquatica*)	17	盆栽袖珍椰子(*Collinia elegans*)
6	盆栽马拉巴栗(发财树)(单株型)(*Pachira aquatica*)	18	盆栽散尾葵(*Chrysalidocarpus lutescens*)
7	盆栽绿巨人(*Spathiphyllum floribundum* 'MauraLoa')	19	盆栽蒲葵(*Livistona chinensis*)
8	盆栽白鹤芋(*Spathiphyllum floribundum* 'Clevelandii')	20	盆栽棕竹(*Rhapis excelsa*)
9	盆栽绿帝王(丛叶喜林芋)(*Philodendron wendlandii*)	21	盆栽南洋衫(*Araucaria cunninghamii*)
10	盆栽红宝石(红柄蔓绿绒)(*Philodendron erubescens*'Red Emerald')	22	盆栽孔雀竹芋(*Calathed makoyana*)
11	盆栽花叶芋(*Caladium bicolor*)	23	盆栽果子曼(*Guzmania* spp.)
12	盆栽绿萝(藤芋)(*Scindapsus aureus*)		

（续）

盆花GB/T18247.2-2000			
1	金鱼草(*Antirrhinum majus*)	12	菊花(大中型)(*Dendranthema×grandiflorum*)
2	四季海棠(*Begonia semperflorens*)	13	小菊(*Dendranthema×grandiflorum*)
3	蒲包花(*Calceolaria herbeohybrida*)	14	仙客来(1年生)(*Cyclamen persicum*)
4	温室凤仙(*Impatiens hybrida*)	15	大岩桐(*Sinningia speciosa*)
5	矮牵牛(*Petunia hybrida*)	16	四季米兰(3-4年生)(*Aglaia dupereana*)
6	半支莲(*Portulaca grandiflora*)	17	山茶花(3-4年生)(*Camellia japonica*)
7	四季报春(*Primula obconica*)	18	一品红(2年生)(*Euphorbia pulcherrima*)
8	一串红(*Salvia splendens*)	19	茉莉花(3-4年生)(*Jasminum sambac*)
9	瓜叶菊(*Senecio cineria*)	20	杜鹃花(西鹃)(*Rhododendron* spp.)
10	长春花(*Catheranthus rosea*)	21	大花君子兰(*Clivia miniata*)
11	国兰(*Cymbidium* spp.)		

花卉种子GB/T18247.4-2000			
1	藿香蓟(*Ageratum conyzoides*)	25	非洲菊(*Gerbera jamesonii*)
2	香雪球(*Lobularia maritime*)	26	古代稀(*Godetia grandiflora*)
3	三色苋(*Amaranthus tricolor*)	27	向日葵(*Helianthus annus*)
4	金鱼草(*Anthirrhinum majus*)	28	麦秆菊(*Elichrysum subulifolium*)
5	耧斗菜(*Aquilegia vulgaris*)	29	大花秋葵(*Hibiscus mutabilis*)
6	福禄考(*Phlox drummondii*)	30	枪刀药(*Hypoestes purpurea*)
7	蟆叶海棠(*Begonia rex*)	31	凤仙花(*Impatiens sultani*)
8	四季海棠(*Begonia semperflorens*)	32	草原龙胆(*Lisianthus russellianum*)
9	球根海棠(*Begonia tuberhybrida*)	33	紫罗兰(*Matthiola incana*)
10	雏菊(*Bellis perennis*)	34	天竺葵(*Pelargonium×hortorum*)
11	羽衣甘蓝(*Brassica oleracea*)	35	矮牵牛(*Petunia×hybrida*)
12	蒲包花(*Calceolaria herbeohybrida*)	36	欧洲报春(*Primula vulgaris*)
13	金盏菊(*Calendula officinalis*)	37	四季报春(*Primula obconica*)
14	长春花(*Catheranthus raseus*)	38	大花马齿苋(*Portulaca grandiflora*)
15	鸡冠(*Celosia cristata*)	39	花毛茛(*Ranunculus asisticus*)
16	凤尾鸡冠(*Celosia plumosa*)	40	一串红(*Salvia splendens*)
17	西洋滨菊(*Chrysanthemum leucanthemum*)	41	大岩桐(*Sinningia speciosa*)
18	瓜叶菊(*Senecio cineraria*)	42	万寿菊(*Tagetes erecta*)
19	波斯菊(*Cosmos bipinnatus*)	43	美女樱(*Verbena×hybrida*)
20	硫华菊(*Cosmos sulphureus*)	44	三色堇(*Viola tricolor*)
21	仙客来(*Cyclamen persicum*)	45	百日草(*Zinnia elegans*)
22	香石竹(*Dianthus caryophyllus*)	46	勿忘我(*Myosotis sylvatica*)
23	紫芳草(*Exacum affine*)	47	大丽花(*Dahlia variabilis*)
24	勋章菊(*Gazania hybrid*)	48	花菱草(*Eschscholtzia californica*)

（续）

花卉种苗GB/T18247.5			
1	香石竹(*Dianthus caryophyllus)*	6	非洲菊(*Gerbera jamesonii)*
2	菊花(*Dendranthema×morifolium)*	7	月季(*Rosa)*
3	满天星(*Gyposphila elegans)*	8	一品红(*Euphorbia pulcherrima)*
4	紫菀(*Aster* spp.)	9	洋桔梗(*Eusroma russellianum)*
5	火鹤(*Anthurium andraeanum)*	10	补血草(*Limonium sinuatum)*

花卉种球GB/T18247.6			
1	亚洲型百合［*Lilium* (Asistic hybrids)］	14	小苍兰(*Freesia refracta)*
2	东方型百合［*Lilium* (Oriental hybrids)］	15	花叶芋(*Caladium bicolor)*
3	铁炮百合［*Lilium* (Longiflorum hybrids)］	16	喇叭水仙(*Narcissus pseudo-narcissus)*
4	亚洲型百合［*Lilium* (Asiatic hybrids)］	17	风信子(*Hyacinthus orientalis)*
5	L-A百合［*Lilium* (L/A hybrids)］	18	番红花(*Crocus sativus)*
6	盆栽亚洲型百合［*Lilium* (Asiatic hybrids pot)］	19	银莲花(*Anemone cathayensis)*
7	盆栽东方型百合［*Lilium* (Oriental hybrids pot)］	20	虎眼万年青(*Ornithogalum caudatum)*
8	盆栽铁炮百合［*Lilium* (Longiflorum pot)］	21	雄黄兰(*Crocosmia crocosmiflora)*
9	郁金香(*Tulipa* spp.)	22	立金花(*Lachenalia aloides)*
10	鸢尾(*Iris* spp.)	23	蛇鞭菊(*Liatris spicata)*
11	唐菖蒲(*Gladiolus hybridus)*	24	观音兰(*Triteleia crocata)*
12	朱顶红(*Amaryllis vittata)*	25	细茎葱(*Allium aflatuemse)*
13	马蹄莲(*Zantedeschia aethiopica)*		

资料来源：GB/T18247《主要花卉产品等级》。

花卉产品等级划分标准已非常详实明确的涉及到7个部分，基本涉及到各种常见花卉品种。内容完整充实，可见关于花卉产品等级标准已得到重视。但是，在GB18247主要花卉产品等级中，除产品质量分级按照花卉种每种分别列出，检测方法、包装、标识等则统一划分标准，可见花卉产品等级标准仍然有补充和具体化的空间，各种设施园艺产品分门别类进行产品质量标准、包装、标志和运输标准的制定则是大势所趋。同时，设施花卉园艺产品生产技术规范标准仍然没有出台，没有生产技术标准作为基础，就难以实现产品的高质量。

随着农业结构的调整与经济全球化的实现，发展创汇农业将成为必然之路。标准化工作在发展设施园艺中是必不可少的。设施农业标准化体系重点在生产工艺与产品加工与包装。在高产、优质、无公害产品生产的前提下，开展品种、育苗、施肥、灌溉、防病、增产、加工方面的研究，形成专家型管理模式与系统，降低成本，提高效益。应建立的标准有:①温室蔬菜生产技术规程；②温室花卉生产技术规程；③温室果树生产技术规程；④温室园艺产品采收与加工标准；⑤温室环境控制与管理的专家系统。

6.3.4 设施园艺生产技术标准拟定研究

综合前面所进行的理论研究，结合实地调查，以草莓和非洲菊为例，探讨设施园艺生产技术标准的拟定。

6.3.4.1 设施园艺生产技术规程——草莓

6.3.4.1.1 范围

本标准规定了无公害食品草莓设施生产技术。

适用于无公害食品草莓的设施园艺生产。

6.3.4.1.2 要求

(1) 产地环境

A.产地环境质量

无公害草莓产地应选择在生态条件良好，远离污染源，并具有可持续生产能力的农业生产区域。

B.产地环境空气质量

无公害草莓产地环境空气质量应符合表6–6的规定。

(2) 产地灌溉水质量

无公害草莓产地灌溉水质量应符合表6–7的规定。

(3) 产地土壤环境质量

无公害草莓产地土壤环境质量应符合表6–8的规定。

表6–6 环境空气质量要求

项目	浓度限值	
	日平均	1h平均
总悬浮颗粒物(标准状态)/(mg/m^3)≤	0.30	—
氟化物(标准状态)/(μg/ m^3) ≤	7	20

注：日平均指任何一日的平均浓度；Ih平均指任何一小时的平均浓度。

表6–7 灌溉水质量要求

项目	浓度限值	项目	浓度限值
pH值	5. 5~8. 5	铬(六价)/(mg/L)	≤0.10
化学需氧量/ (mg/L)	≤40	氟化物(以F计)/ (mg/L)	≤3.0
总汞/ (mg/L)	≤0.001	氰化物(以CN计)/(mg/L)	≤0.50
总镉/(mg/L)	≤0.005	石油类/(mg/L)	≤0.5
总砷/ (mg/L)	≤0.05	挥发酚/(mg/L)	≤1.0
总铅/(mg/L)	≤0.10	粪大肠菌群数/(个/L)	≤10000

表6–8 土壤环境质量要求

项目	含量限值		
	pH值<6.5	pH值6.5~7.5	pH值>7.5
总镉/ (mg/ kg) ≤	0.30	0.30	0.60
总汞/ (mg/ kg) ≤	0.30	0.50	1.0
总砷/ (mg/ kg) ≤	40	30	25
总铅/(mg/ kg) ≤	250	300	350
总铬/(mg/ kg) ≤	150	200	250

注:本表所列含量限值适用于阳离子交换量>5 cmol/kg的土坡，若≤5 cmol/kg，其含量限值为表内数值的半数。

(4) 土壤条件

土层较深厚，质地为壤质，结构疏松，微酸性或中性土壤，有机质含量在15g/kg以上，排灌方便。

6.3.4.1.3 施肥原则及允许使用的肥料

(1) 施肥原则

使用的肥料应是在农业行政主管部门已经登记或免于登记的肥料。限制使用含氯复合肥。

(2) 允许使用的肥料种类

A. 有机肥料

包括堆肥、沤肥、厩肥、沼气肥、绿肥、作物秸秆肥、泥炭肥、饼肥、腐殖酸类肥、人畜废弃物加工而成的肥料等。

B.微生物肥料

包括微生物制剂和微生物处理肥料等。

C. 化肥

包括氮肥 、磷肥、钾肥、硫肥、钙肥、镁肥及复合(混)肥等。

D.叶面肥

包括大量元素类、微量元素类、氨基酸类、腐殖酸类肥料。

6.3.4.1.4 设施栽培主要类型

我国草莓设施栽培的主要类型有：日光温室促成栽培、塑料大棚促成栽培、日光温室半促成栽培、塑料大棚半促成栽培及塑料拱棚早熟栽培。

6.3.4.1.5 品种选择

促成栽培选择休眠浅的品种，半促成栽培选择休眠较深或休眠深的品种。北方露地栽培选择休眠深或较深的品种，南方露地栽培选择休眠浅或较浅的品种。品种选择时还应考虑品种的抗性、品质等性状。

6.3.4.1.6 育苗

(1) 母株选择

选择品种纯正、健壮、无病虫害的植株作为繁殖生产用苗的母株，建议使用脱毒苗。

(2)母株定植

A.定植时间

春季日平均气温达到10℃以上时定植母株。

B.苗床准备

每 667m^{2}施腐熟有机肥5000kg，耕匀耙细后做成宽1.2 ～1.5m的平畦或高畦。

C.定植方式

将母株单行定植在畦中间，株距50～80cm，植株栽植的合理深度是苗心茎部与地面平齐，做到深不埋心，浅不露根。

(3) 苗期管理

定植后要保证充足的水分供应。为促使早抽生、多抽生匍匐茎，在母株成活后可喷施一次赤霉素(GA_3)，浓度为50mg/L。匍匐茎发生后，将匍匐茎在母株四周均匀摆布，并在生苗的节位上培土压蔓，促进子苗生根。整个生长期要及时人工除草，见到花序立即去除。

(4) 假植育苗

A.假植育苗方式

草莓假植育苗有营养钵假植和苗床假植两种方式，在促进花芽提早分化方面，营养钵假植育苗优于苗床假植育苗。

建议促成栽培和半促成栽培采用假植育苗方式。

B.营养钵假植育苗

a.营养钵假植

在6月中旬至7月中下旬，选取二叶一心以上的匍匐茎子苗，栽入直径10cm或12cm的塑料营养钵中。育苗土为无病虫害的肥沃表土，加入一定比例的有机物料，以保持土质疏松。适宜的有机物料主要有草炭、山皮土、炭化稻壳、腐叶、腐熟秸秆等，可因地制宜，取其中之一。另外育苗土中加入优质腐熟农家肥20kg/m^3。将栽好苗的营养钵排列在架子上或苗床上，株距15 cm。

b.假植苗管理

栽植后浇透水，第一周必须遮荫，定时喷水以保持湿润。栽植10天后叶面喷施一次0.2%尿素，每隔10天喷施一次磷钾肥。及时摘除抽生的匍匐茎和枯叶、病叶，并进行病虫害综合防治。后期，苗床上的营养钵苗要通过转钵断根。

C.苗床假植育苗

a.苗床假植

苗床宽1.2m，每667m^2，施腐熟有机肥3000kg，并加入一定比例的有机物料。在6月下旬至7月中下旬选择具有3片展开叶的匍匐茎苗进行栽植，株行距15 cm × 15 cm。

b.假植苗管理

适当遮荫，栽后立即浇透水，并在3天内每天喷两次水，以后见干浇水以保持土壤湿润。栽植10天后叶面喷施一次2%尿素，每隔10天喷施一次磷钾肥。及时摘除抽生的匍匐茎和枯叶、病叶，并进行病虫害综合防治。8月下旬至9月初进行断根处理。

(5) 壮苗标准

具有4片以上展开叶，根茎粗度1.2 cm以上，根系发达，苗重20g以上，顶花芽分化完成，无病虫害。

(6) 生产苗定植

A.土壤消毒

采用太阳热消毒的方式。具体的操作方法：将基肥中的农家肥施入土壤，深翻，灌透水，土壤表面覆盖地膜或旧棚膜。为了提高消毒效果，建议棚室土壤消毒在覆盖地膜或旧棚膜的同时扣棚膜，密封棚室。土壤太阳热消毒在7、8月份进行，时间至少为40天。

B.设施栽培定植时期

假植苗在顶花芽分化后定植，通常是在9月20日前后定植。对于非假植苗，北方棚室栽培在8月下旬至9月初定植，南方大棚栽培在9月中旬至10月初定植。四季品种在8月上中旬定植。

C.栽植方式

采用大垄双行的栽植方式，一般垄台高30～40cm，上宽50～60cm，下宽70～80cm，垄沟宽20cm。株距15～18cm，小行距25～35cm。棚室栽培每667m^{2}定植7000～9000株。

(7) 栽培管理

A.促成栽培管理技术

a.保温

棚膜覆盖：北方日光温室覆盖棚膜是在外界最低气温降到8～10℃的时候。南方塑料大棚覆盖棚膜是在平均气温降到17℃的时候，温度低时在大棚内搭小拱棚保温。

地膜覆盖：顶花芽显蕾时覆盖黑色地膜。盖膜后，立即破膜提苗。

b.棚室内温、湿度调节

温度调节

显蕾前: 白天26 ～28℃，夜间15～18℃。

显蕾期: 白天25～28℃，夜间8～12℃。

花期:白天22 ～25℃，夜间8～10℃。

果实膨大期和成熟期:白天20～25℃，夜间5～10℃。

湿度调节：整个生长期都要尽可能降低棚室内的湿度。开花期，白天的相对湿度保持在50%～60%。

c.水肥管理

灌溉：采用膜下灌溉方式，最好采用膜下滴灌。定植时浇透水，一周内要勤浇水，覆盖地膜后以“湿而不涝，干而不旱”为原则。

施肥

基肥：每 667m^2，施农家肥5000kg及氮磷钾复合肥50kg，氮磷钾的比例以15: 15 : 10 为宜。

追肥：第一次追肥，顶花序显蕾时；第二次追肥，顶花序果开始膨大时；第三次追肥，顶花序果采收前期；第四次追肥，顶花序果采收后期；以后每隔15 ～20天追肥一次。追肥与灌水结合进行。肥料中氮磷钾配合，液肥浓度以0.2%～0.4%为宜。

d.赤霉素(GA_3)处理

对于休眠深草莓品种，为了防止植株休眠，在保温一周后往苗心处喷GA_3，浓度为5～10mg/L每株喷约5ml。

e.植株管理

摘叶和除匍匐茎：在整个发育过程中，应及时摘除匍匐茎和黄叶、枯叶、病叶。

掰芽：在顶花序抽出后，选留1～2个方位好而壮的腋芽保留，其余掰掉。

掰花茎：结果后的花序要及时去掉。

疏花疏果：花序上高级次的无效花、无效果要及早疏除，每个花序保留7～12个果实。

f.放养蜜蜂

花前一周在棚室中放入1～2箱蜜蜂，蜜蜂数量以一株草莓一只蜜蜂为宜。

二氧化碳气体施肥：在冬季晴天的午前进行，施放时间2～3h，浓度700～1000mg/L。

g.电灯补光

为了延长日照时数维持草莓植株的生长势，建议采用电灯补光。每667m^2安装100w 白炽灯泡40～50个，12月上旬至1月下旬期间，每天在日落后补光3～4h。

B.北方日光温室和南方塑料大棚半促成栽培管理技术

a.保温

南方塑料大棚半促成栽培在1月上中旬以后开始覆盖棚膜保温，北方日光温室半促成栽培在12月中旬至1月上旬开始保温。

b.棚室内温湿度调节

c.水肥管理

同促成栽培部分。

d.灌溉

对于南方塑料大棚半促成栽培，定植后及时灌水，扣棚前灌透水，扣棚后膜下灌溉；对于北方日光温室半促成栽培，定植后及时灌水，上冻前灌封冻水。保温后的灌水总体上做到“湿而不涝，干而不旱”。

e.施肥

基肥：每667m^2施农家肥5000kg及氮磷钾复合肥50kg，氮磷钾的比例以15:15:10为宜。

追肥：第一次追肥，顶花序显蕾时；第二次追肥，顶花序果开始膨大时；第三次追肥，顶花序果采收后期；第四次追肥，第一腋花序果开始膨大时。追肥与灌水结合进行。肥料中氮磷钾配合，液肥浓度0.2～0.4%为宜。

f.赤霉素(GA_3)处理

为了促进草莓植株结束休眠，可以在保温后植株开始生长时往苗心处喷GA_3，浓度为5～10mg/L，每株喷约5ml。

g.植株管理

h.放养蜜蜂

同促成栽培部分。

C.塑料拱棚早熟栽培管理技术

a.越冬防寒

北方拱棚早熟栽培在土壤封冻前扣棚膜，土壤完全封冻时在草莓植株上面覆盖地膜并在地膜上覆盖 10cm厚的稻草。

b.保温

南方拱棚栽培在2月中旬开始保温;北方拱棚栽培3月上中旬开始保温，植株开始生长后破膜提苗。

c.水肥管理

灌溉:定植后及时灌水，上冻前灌封冻水，保温后植株开始发新叶时灌一次水。开花前，控制灌水，开花后，通过小水勤浇，保持土壤湿润。

施肥:基肥，每667m^2施农家肥3000～5000kg及氮磷钾复合肥50kg，氮磷钾的比例以15:15:10为宜；追肥，第一次追肥，顶花序显蕾时；第二次追肥，顶花序果开始膨大时。追肥与灌水结合进行。肥料中氮磷钾配合，液肥浓度以0.2%～0.4%为宜。

d.植株管理

同促成栽培部分。

(8) 病虫害防治

A.主要病虫害

主要病害包括白粉病、灰霉病、病毒病、芽枯病、炭疽病、根腐病和芽线虫；主要虫害包括蜡类、蚜虫、白粉虱。

B.防治原则

应以农业防治、物理防治、生物防治和生态防治为主，科学使用化学防治技术。

C.农业防治

a.选用抗病虫品种

选用抗病虫性强的品种是经济、有效的防治病虫害的措施。

b.使用脱毒种苗

使用脱毒种苗是防治草莓病毒病的基础。此外，使用脱毒原种苗可以有效防止线虫危害发生。

c.栽培管理及生态措施

发现病株、叶果，及时清除烧毁或深埋；收获后深耕40cm，借助自然条件，如低温、太阳紫外线等，杀死一部分土传病菌；深耕后利用太阳热进行土壤消毒；合理轮作。

D.物理防治

a.黄板诱杀白粉虱和蚜虫

在100cm×20cm的纸板上涂黄漆，上涂一层机油，每667m^{2}挂30～40块，挂在行间。当板上粘满白粉虱和蚜虫时，再涂一层机油。

b.阻隔防蚜

在棚室放风口处设防止蚜虫进入的防虫网。

c.驱避蚜虫

在棚室放风口处挂银灰色地膜条驱避蚜虫。

E.生物防治

扣棚后当白粉虱成虫在0.2 头/株以下时，每5天释放丽蚜小蜂成虫3头/株，共释放3次丽蚜小蜂，可有效控制白粉虱危害。

F.生态防治

开花和果实生长期，加大放风量，将棚内湿度降至50%以下。将棚室温度提高到35℃，闷棚2h，然后放风降温，连续闷棚2～3次，可防治灰霉病。

G.药剂防治

禁止使用高毒、高残留农药，有限度地使用部分有机合成农药。禁止使用农药的种类为：六六六，滴滴涕，毒杀芬，二溴氯丙烷，杀虫脒，二溴乙烷，除草醚，艾氏剂，狄氏剂，汞制剂，砷、铅类，敌枯双，氟乙酰胺，甘氟，毒鼠强，氟乙酸钠，毒鼠硅，甲胺磷，甲基对硫磷，对硫磷，久效磷，磷胺，甲拌磷，甲基异柳磷，特丁硫磷，甲基硫环磷，治螟磷，内吸磷，克百威，涕灭威，灭线磷，硫环磷，蝇毒磷，地虫硫磷，氯唑磷，苯线磷，氧化乐果，水胺硫磷，灭多威等以及其他高毒、高残留农药。

所有使用的农药均应在农业部注册登记。保护地优先采用烟熏法、粉尘法，在干燥晴朗天气可喷雾防治，如果是在采果期，应先采果后喷药，同时注意交替用药，合理混用。

(9) 果实采收

A.果实采收标准

果实表面着色达到70%以上。

B.采收前准备

果实采收前要做好采收、包装准备。采收用的容器要浅，底部要平，内壁光滑，内垫海绵或其他软的衬垫物。

C.采收时间

根据草莓果实的成熟期决定采收时间，采收在清晨露水已干至中午或傍晚转凉后进行。

D.采收操作技术

采收时用拇指和食指掐断果柄，将果实按大小分级摆放于容器内，采摘的果实要求果柄短，不损伤花萼，无机械损伤，无病虫危害。

E.果实分级

按NY/T444-2001中所述的草莓感官品质标准执行。

表6-9 草莓果实分级评价标准

项目＼等级		特级	一级	二级	三级
外观品质基本要求		果实新鲜洁净，无异味。有本品种特有的香气，无不正常外来水分，带新鲜萼片，具有适于市场或贮藏要求的成熟度			
果形及色泽		果实应具有本品种特有的形态特征、颜色特征及光泽，且同一品种、同一等级不同果实之间形状、色泽均匀一致			
果实着色度		≥70 %			
单果重（g）	中小果型品种	≥20	≥15	≥10	≥6
	大果型品种	≥30	≥25	≥20	≥15
碰压伤		无明显碰压伤，无汁液浸出			
畸形果实（%）		≤1	≤1	≤3	≤5

6.3.4.2 设施园艺生产技术规程——非洲菊切花

6.3.4.2.1 范围

本标准规定了非洲菊切花的设施生产技术。

本标准适用于非洲菊切花的设施生产。

6.3.4.2.2 要求

(1) 栽培前准备工作

A.选地、做畦

以疏松肥沃、排水良好、富含腐殖质、土层深厚的中性偏酸的沙质壤土为佳。对于较黏重的土壤适量添加锯末、猪粪等有机肥，以改善土壤的通气性和肥力。由于非洲菊怕积水，一般用高畦栽培，畦高30cm左右，畦宽1m，畦沟宽40～50cm。

B.施基肥

每公顷施腐熟有机肥30t(黏重土壤每公顷施45～75t)、过磷酸钙750～1200kg、复合肥750kg，均匀施于表面并与土混拌均匀。

C.土壤消毒

用40%甲醛50倍液喷于土壤上并拌匀，用塑料膜密闭2～3d后，揭开塑料膜风干2周后使用；按50g/m^{3}敌克松或地菌散拌土，主要防治镰刀菌及丝核菌等真菌。

(2) 种植方式

按株行距30cm×30cm栽植。栽培时注意：根系入土且舒展不折；定植时应特别注意将根颈部露在外面，以防多种病害的发生，尤其是烂心现象的发生。移栽完后应及时浇透水。定植后用75%遮阳网遮光7～10d，待苗成活后再逐渐增加光照。同时，保持昼温20～25℃，夜温不低于15℃。

(3) 缓苗期管理

非洲菊移栽后，需要一段时间的缓苗期，才能进行正常的营养生长，这段时间管理尤其重要。

A.光照管理

非洲菊处于缓苗阶段，光照应控制在30%～40%；进入正常营养生长阶段后，光照应控制在40%～60%。

B.水分管理

水分控制尤其关键，保持土壤润而不湿，墒面不应有积水，避免引起各种病害发生，特别是立枯病与根腐病。

C.温度管理

白天温度在20～25℃，夜温在16～20℃，这个温度范围有利于非洲菊正常生长。

D.施肥管理

小苗恢复正常生长后，在土壤湿度允许的情况下，每隔一周用1‰的复合肥(N:P:K=5:3:2)液浇一次，每两周用0.1‰的磷酸二氢钾加0.1‰的尿素液喷施一次叶面肥。根据植株长势及叶色实际情况来判断补充肥料。

(4) 营养生长阶段

缓苗期过后植株进入营养生长阶段，要求温度20～25℃，基质湿度70%～80%，光照在50%～60%。在前期施足底肥的情况下，追施复合肥2～3次，并应注意补充磷钾肥，使其向生殖生长更好地过渡。通过选优质品种，少施或不施激素类肥料，科学的温、光、水、肥管理，防止畸形花生成、花蕾脱落。

(5) 生殖生长阶段

A.水分管理

保持充足的水分，田间持水量以60%～70%为宜，但要避免湿度过重，保证植株能吸收到充裕的水分，提高切花的产量与品质。

B.光照管理

为了提高切花的产量与品质，非洲菊要有充足的光照，但又要避免光照过强灼伤叶片，阻碍其生长。一般来说在清晨8:30以前及17:00以后，及阴天和雨天，这段时间应把遮阳网打开，让阳光直射植株，中午光强的时候，保持40%～60%的透光率即可。

C.施肥管理

进入生殖生长阶段要保证植株有充足的肥源，N、P、K的比例为l5:8:25左右。应根据植株生长状况及叶色、花色进行施肥，遵循固体肥与水肥相结合的原则进行。在营养生长与生殖生长阶段微量元素较重要，微量元素的补充采用叶面喷施的办法进行，一般l0–l5d一次，每次用0.1%KH_2PO_4或0.1%～0.2%$Ca(NO_3)_2 \cdot 4H_2O$或0.1% 0.2%的螯和铁加0.1%～0.2%的硼砂或硼酸加$5 \sim 10 \times 10^{-6}$的钼酸钠液进行叶面交替喷施。通过选优质品种，少施或不施激素类肥料，科学的温、光、水、肥管理防止畸形花产生、花蕾脱落。

D.植株管理

调整植株生长势，植株在产花阶段，每小株应保持3～5片功能叶，每丛植株应有2l～25个功能叶，在生长旺期应适当除去部分相互重叠的叶片，避免隐蕾的出现及防止造成花枝弯曲。对易出现花枝断裂的品种，可用1‰～2‰硝酸钙每周喷一次。

E.其他管理

为了植株营养生长充分和保证产花质量，应及时摘除次花、畸形花、老叶，以减少病虫害发生。

(6) 病虫害防治

A.非洲菊病害

a.立枯病

症状：苗期受害重，病菌主要侵染幼苗根颈部，致病部变褐，皱缩，潮湿时上生白霉状物，植株染病后叶片干枯，造成整株死亡，根颈部有时腐烂，叶片萎蔫。

传播途径及发病条件：病菌以菌丝体和菌核在土中腐生，腐生2～3年，菌丝能直接侵入寄主，通过水流、农具传播。栽植过深，温度过高或湿度过大，持续时间长，易诱发该病。天气、土壤干燥时病害停滞。

防治：进行土壤消毒和基质灭菌，可用40%五氯拌种双粉剂600倍液或菌核净600倍液消毒。栽培时，将根颈部稍微露出土面，适当浇灌，防止根颈过湿病菌侵染。

b.斑点病

症状：主要危害叶片，初期为紫褐色或赤褐色小斑，后扩大为圆形至近圆形病斑，边缘暗褐色至紫褐色，后期病斑上出现黑色小粒点，最后形成黄色斑块。

传播途径及发病条件：病菌以分生孢子在病叶上越冬，带病母株分根繁殖时引起新株发病，分生孢子随雨水淋溅传播，一般下部叶片先发病，土壤黏重，排水不良，多雨易发病，在温度为25～30℃，湿度大时发病重。实行2～3年轮作，与其他花卉倒茬。

防治：注意增施P、K肥，使土壤保持微酸性。必要时施1%KH_2PO_4增强抗病力。发病初期喷施2.5%腈菌唑乳油300倍液、或75%的百菌清可湿性粉剂600倍液、或50%多菌灵可湿性粉剂600倍液。

c.疫病

症状：整个生育期可发病，一般采花期受害严重。发病初期地上部分失水卷曲而后萎蔫，受害根变软，水渍状，变褐腐烂，皮层脱落，露出变色中柱，具霉腥味。植株叶片颜色变黄变软。粉色、黄色品种易发病。

传播途径及发病条件：病菌以卵孢子随病残体在土壤中越冬，翌年借雨水飞溅到寄主上，病菌从近地面的茎基部侵染，向下延伸到根部，也可由无性繁殖材料传播。梅雨季节，排水不良、低洼处常见大量白色棉花状霉，产生大量菌丝和孢子囊，借风雨传播，造成该病大量发生。

防治：发病初期用58%乙磷铝锰锌400倍液灌根，7d后再用64%杀毒矾粉剂500倍液灌根，效果相当显著。

d.根腐病

症状：主要危害地下根部，整个生育期均可发生，根系黑褐色，须根少，皮层易剥离，整个植株易拔起，病情发展慢时，叶片呈紫红色至黑褐色，陆续枯萎。病情发展快时主株呈青枯状萎蔫。

传播途径及发病条件：在土壤和植株残体中越冬的病菌是该病主要初侵染源。保护地内4～8月份均可发生，此外土壤骤然干湿交替或频繁中耕松土，造成植株根部伤口多，病菌从伤口侵入，发病重。

防治：提倡用腐熟有机肥，增施K肥。在棚四周挖深沟，降低水位，种植床不进行中耕处理，防止损伤根系。发病初期及时喷50%福美双500倍液，隔7～l0d 1次，防治2～3次。

e.煤污病

症状：叶片上有灰黑色至炭黑色煤污菌菌落，分布在叶面局部或在叶脉附近，一般附着在叶背，粉虱多时易发病。

传播途径及发病条件：煤污菌以菌丝和分生孢子在土壤内及植物残体上休眠，翌春产生分生孢子，借风雨、蚜虫、飞虱等传播蔓延。粉虱多时易发病。加强通风换气，适当降温排湿，防止湿气滞留。

防治：发病初期及时用50%甲基硫菌灵800倍液、或65% 甲霜灵可湿性粉剂1000倍液喷洒，隔7～l0d 1次，防治1～2次。

B.非洲菊虫害

a.白粉虱

症状：一年四季均可危害植株，引起多种病害，如煤污病等，使叶片褪绿，影响切花的品质。

防治：用扑虱灵800～1000倍液喷施1～2次；功夫500倍液加吡虫啉1500倍液效果更佳；或用敌杀死300倍液防治，敌敌畏原液熏蒸等。注意白粉虱易产生抗药性，应多种药剂交替使用。

b.红蜘蛛

症状：危害时使非洲菊开花前花瓣变为褐色，花瓣内萎缩变形，完全丧失观赏价值，当田间感染后很难根治，应以防为主。

防治：可用敌敌畏500倍液加500倍乐果喷施厢内。植株用倍乐霸1 500倍液喷雾防治。

c.潜叶蝇

症状：危害幼小植株及嫩叶。

防治：可采用1500倍阿巴丁、潜克等药剂。

(7) 采收指数

A.指数度1

舌状花瓣基本长成，但未充分展开，花蕊管状花雌蕊有2轮开放时，适合远距离运输和贮藏。

B.指数度2

舌状花瓣充分展开，花蕊管状花雌蕊有3-4轮开放时，适合远距离运输和批发。

C.指数度3

花芯雌蕊大部分开放，管状花花粉开始散发时，适合近距离运输和销售。

D.指数度4

花芯雌蕊大部分开放，管状花花粉大量散发时，只能就近尽快出售。

为了确保鲜花质量，非洲菊采摘成熟度按指数度2采切。

(8) 非洲菊鲜切花相关标准

A.鲜切花分级标准

见表6—10。

表6–10 非洲菊鲜切花分级标准

评价项目		等级			
		一级	二级	三级	四级
整体感	花朵和花莛的均匀性和协调性	极好	好	较好	一般
	花枝的新鲜程度	极好	好	较好	一般
花朵	花朵直径	≥12.0cm	10.0～12.0cm(含10.0cm)	8.0～10.0cm(含8.0cm)	7.0～8.0cm(含7.0cm)
	花形	正圆，完整优美，外层花瓣很整齐	正圆，完整，外层花瓣整齐	正圆，完整，外层花瓣比较整齐	正圆，完整，外层花瓣整齐度一般
	花色	鲜艳、纯正，带有光泽	鲜艳、纯正	鲜艳、纯正	外层花瓣稍有褪色
花莛	长度	≥60.0cm(包含60.0cm)	50.0～60.0cm(包含50.0 cm)	50.0～60.0 cm(包含50.0 cm)	40.0～50.0cm(包含40.0 cm)
	粗度	≥8.0mm	6.0～8.0mm(包含6.0 mm)	6.0～8.0mm(包含6.0 mm)	4.0～6.0 mm(包含4.0mm)
	顺直程度	粗细均匀，呈直线	粗细基本均匀，呈直线	粗细基本均匀，基本呈直线	稍有弯曲
	硬挺程度	硬度极好	硬度好	硬度比较好	硬度一般
其他损伤		无机械损伤、冷害、药害、生理异常	无机械损伤、冷害、药害、生理异常	基本无初械损伤、冷害、药害、生理异常	有轻微机械损伤、冷害、药害、生理异常
采切标准		适于开花指数为1~3	适于开花指数为1~3	适于开花指数为2~4	适于开花指数为3~4

B.包装标准

非洲菊的花朵呈扁平状，横向占用空间较大，传统的包装方法常常会损伤外轮花瓣。针对非洲菊切花特点设计了一个包装方案，以盒为一个包装单位，每盒装50枝切花，10盒为一箱。盒子由盒底、盒盖和托板组成，托板要求有一定机械强度，长100.0cm，宽51.4cm，托板上分左右开50个孔，孔的直径为1.5cm，间距8cm交错排列。盒底及盒盖的内部长、宽、高分别为100cm、51.4cm、6cm。在盒底和盒盖的左右两侧(宽的侧面)打上通气孔，直径2cm，在箱子的宽侧面做条形通风孔，宽度为3cm。包装时首先把同一级别的非洲菊切花依次插入托板上的孔内，花莛自然下垂，全部插满后花朵将整齐地平铺在托板上，虽然左右有重叠，但不会损伤花瓣。这时把盒底扣在托板上，使花朵夹在托板和盒底之间，捏紧托板和盒底反转180°，使花莛朝上置于工作台上，然后用手把左右两组的花向中间压平，使花均匀分布，操作时注意让托板和盒底把花朵压紧，非洲菊花颈部位有一定韧性，一般不会从花颈部位折断。最后盖上盒盖(盒盖比盒底稍大)，贴上小标签，注明品名、品种、数量、等级、产地、时间。最后把包装好的盒子装入相应尺寸的箱子内，每箱装10盒，在箱体固定位置贴上大标签，箱子的尺寸大约为长100.0cm、宽51.4cm、高60.0cm，内装500枝切花。

参考文献

1 白义奎,王铁良,佟国红,刘文和.东北型节能日光温室——辽沈Ⅰ型日光温室节能设计试验研究[J].节能技术,2002,20(1):23-26.

2 北京农业大学.蔬菜栽培学:保护地栽培[M].北京:农业出版社,1980.

3 陈殿奎,刘伟.从荷兰温室发展反思我国工厂化农业[J].中国蔬菜,2004, 6:42-43.

4 陈东田,张晓鸿,王艳.城郊生态农业观光园区规划研究.现代农业科技[J], 2006:194-197.

5 陈端生,徐师华,刘步洲.我国加温温室蔬菜合理布局的探讨[J] . 农业工程学报,1985,1(2):36-42.

6 陈端生.我国若干地区加温温室总耗煤量的计算[J] .园艺,1984,(324):25-29.

7 陈端生.论加强设施园艺生产气候区划和微气候环境控制研究.发展中的中国工厂化农业[M].北京:北京出版社,2000.

8 陈伟旭,金鸥鹏,张蓓.北方寒冷地区双连栋日光温室的研究[J].农机化研究,2010(2):123-125.

9 陈银,马兴军.农业观光园的现状与发展趋势[J].现代农业科技,2010(1):351-354.

10 崔娜娜,周申立.观光生态农业在生态农业旅游中的应用研究—以北京留民营的发展为例[J].四川地质学报,2005,12第25卷(4):246-249.

11 高峰,俞立,卢尚琼,徐青香,于莉洁.国外设施园艺的现状及发展趋势[J].浙江林学院学报.2009, 26(2):279-285.

12 高妍,刘全国. 日光温室环境调控配套设备的种类与应用效果[J].农机化研究,2009(2):244-247.

13 郭舜.浅析现代观光农业园的规划设计[J].现代农业科学,2009,16(6):246-249.

14 韩素芹,朴永吉.观光农业的研究进展[J].农业科技与信息(现代园林),2007(04):26-29.

15 胡永红,黄卫昌.展览温室的发展及其在上海的现状[J].上海建设科技,2001(3):29-33.

16 胡永光, 李萍萍.温室人工补光效果的研究及补光光源配置设计[J]. 江苏理工大学学报(自然科学版)2001,3.23-25.

17 黄量,黄成林,卜崇兴,郑奕.上海市景观温室分类及设计初探[J].安徽农学通报, 2007, 13 (22):24-26.

18 黄世衡,范竹君,赵卫民. 云南温室环境工程[J].太阳能,2000(1):10 -11.

19 蒋辉,王会强,蒋云飞,张法铭,史立喜.基于模糊控制的温室环境调控系统[J].河北农业大学学报, 2008,31(3):23-25.

20 蒋先平,刘霓红,许楚荣,李惠玲.华南型高效节能屋顶全开启温室的研制[J].现代农业装备, 2008(7):47-50.

21 颉建明,郁继华,冯致,颉敏华.节能日光温室环境调控技术[J].甘肃农业,2007(9):95-97.

22 科技部."十五"工厂化高效农业示范工程系列报道(六)—设施园艺工厂化高效安全生产关键技术研究[J]. 温室园艺,2005,124-128.

23 李继文,黄飞. 华南型连栋PC板温室的研制[J].现代农业装备,2009(8):79-81.

24 李继文. 华南型塑料温室的日常使用和维护[J].广东农机,2003(1):65-68.

25 李龙臣,曹磊,李连忠,周苗新,陈为峰. 设施园艺滴灌技术发展中存在的问题及建议[J]. 山东林业科技,2003(2):234-236.

26 李平,李佳智. 工厂化高效农业示范工程—华东型连栋塑料温室[J].设施园艺,2000(6):134-136.

27 李萍萍,毛罕平.我国温室的现状与亟待研究的技术问题探讨[J].农业机械研究,1996 (27):135-139.

28 李世奎等.中国农业气候资源和农业气候区划[M].北京：科学技术出版社,1988,33-36.

29 李式军.积极发展中的南方设施园艺事业[J].中国蔬菜,2000(3):1-4.

30 李天来.我国日光温室产业发展现状与前景. 沈阳农业大学学.[J].2005,36(2):131-138.

31 李天来,齐红岩,齐明芳.我国北方温室园艺产业的发展方向—现代日光温室园艺产业[J]. 沈阳农业大学学报,2006 ,5(3):265 -269.

32 李天来.论设施园艺在中国农业发展中的战略地位及今后发展方向[J].华中农业大学学报,2004：1-3.

33 李文荣.农业观光园发展模式研究[J].农机化研究.2006(8):5-7.

34 刘嘉.农业观光园的规划设计初探[D].北京林业大学硕士学位论文.2007.88-90.

35 刘琳,张渝洁.设施园艺害虫的无公害防治[J]. 山东林业科技,2004(5):135-137.

36 刘瑞涵,冯海发.北京农户蔬菜生产经济效益分析[J].北京农学院学报,1999,4第14卷(2):13-19.

37 刘淑云,谷卫刚,王风云,王殿昌,朱建华.日光温室环境调控关键技术研究[J].农业网络息,2008(10):17-19.

38 刘鹰,崔绍荣.工厂化农业高效示范工程—华东型连栋塑料温室农业工程[J].新村,1999(1):76-79.

39 吕宝乾,陈家骅,黄居昌,杨健全,崔丽洁.设施园艺的生物防治[J].我国生物防治,2003(3):134-136.

40 吕国华，汪洪礼，史为民，等.新疆节能日光温室发展区划与结构优化探讨[J].农业工程学报,1996,12 (增刊):48-51.

41 马锦义,陈发棣,房伟民,曹礼宾,陈必祥.现代花卉产业基地建设与发展模式探讨[J]. 江苏农业科学,2000(1):23-25.

42 麦凯烈,林凤枝.广州市温室的现状与发展趋势研究[J].科技资讯,2008(1):57-59.

43 麦凯烈,林凤枝.广州市温室的现状与发展趋势研究[J].科技资讯,2008(1):132-134.

44 潘连公.西北优化型节能日光温室光照强度变化规律研究[J].干旱地区农业研究,2005.4:222-224.

45 齐玉春,陈端生.我国东部淮河以北地区节能型日光温室蔬菜生产的气候分区[J].农业工程学报,1998,14(增刊):42-47.

46 邱宝剑,卢其尧. 农业气候区划及其方法[M]. 北京:科学出版社,1987.526.

47 邱仲华,康永頡,王捷. 甘肃高效节能日光温室区划初报[J] . 农业工程学报,1996 ,12(增刊):143-144.

48 设施园艺发展对策研究课题组.我国设施园艺产业发展对策研究[J].长江蔬菜,2010,(4):33-35.

49 汪李平,向长萍.我国节能型日光温室的气候区划[J].农业工程学报,1998,14(增刊):36-41.

50 王国莉,骆海峰,陈鸣春,李丘民,洪冰冰.观光农业生态园的规划设计[J].生态环境.2005, 14(3): 439-442.

51 王树忠.北京郊区蔬菜生产现状及展望[J].北京农业科学(增刊),[A]1999:1-6.

52 王铁良,刘文合,白义奎."五位一体"庭院生态模式沈阳农业大学学报[J].2002,33(4):285-287.

53 王哲笃.山东寿光设施蔬菜高产高效的基本经验[J].北京:北方园艺,2003.11.

54 夏立平.设施栽培中CO_2气肥的综合调控[J].农业与技术,2004,24(4):137-139.

55 杨启耀.温室环境智能控制技术的研究[D]. 安徽农业大学学位论文,2006:76-79.

56 杨振超,邹志荣.不同结构类型节能日光温室内温、湿度比较研究[J]. 陕西农业科学,2002,3:25-28.

57 于殿龙. 基于积温和经济最优的夏季型温室环境控制技术的研究[D]. 江苏大学硕士学位论文,2008.

58 于晓杰,王景峰,姜玉军.北方温室温度调控措施[J].现代农业科技,2008(13):102-105.

59 俞永华,崔绍荣,苗香雯,沈明卫,沈滨.华东型连栋塑料温室结构设计[J].农业工程学报,1999,15(2):23-26.

60 张德威, 李国景, 周胜军等. 南方设施园艺改进和新型大棚温室探讨[J].长江菜,1999(8):29-31.

61 张福墁. 强化科技创新大力提升我国设施园艺现代化水平[J].沈阳农业大学学报,2006,37(3)：261-264.

62 张红萍, 张法瑞.中国设施园艺的历史回顾与思考[J].农业工程学报, 2004,11,20(6):291-295.

63 张纪增.日光温室栽培区的划分[J].农村实用工程技术,1991,(3) :12.

64 张天柱.华北型连栋塑料温室[J].设施园艺,1999

(5):145-147.

65 赵丽瑞.冬季日光温室环境小气候特点及调控技术[J].科技致富向导,2008(20):39-40.

66 中国农业科学院蔬菜所. 中国蔬菜栽培学[M] .北京:农业出版社,1987.321.

67 周长吉,冯广和.引进温室带给中国设施园艺现代化的思考[J]. 沈阳农业大学学报,2000,31(1):23-25.

68 周长吉,周新群,桂金光.几种日光温室复合保温被保温性能分析[J].农业工程学报,1999(15):168-171.

69 周长吉.对我国"十五"温室产业发展的建议.发展中的中国工厂化农业[M].北京:北京出版社,2000.

70 周长吉.中国温室工程技术理论与实践[M].北京中国农业出版社,2003.

71 Alcon, F; Garcia-Martinez, MC; De-Miguel, MD, *et al.* Adoption of Soilless Cropping Systems in Mediterranean Greenhouses: An Application of Duration Analysis[J].Hortscience,2010,(45):248-253.

72 Braekman, P; Foque, D; Messens, W, *et al.* Effect of spray application technique on spray deposition in greenhouse strawberries and tomatoes[J]. Pest management science,2010(66):203-212.

73 Hogendorp, BK; Cloyd, RA; Swiader, JM. Effect of Silicon-Based Fertilizer Applications on the Reproduction and Development of the Citrus Mealybug (Hemiptera: Pseudococcidae) Feeding on Green Coleus[J]. Journal of economic entomology,2009,(102):218-219.

74 Hougaard, KS; Hannerz, H; Feveile, H, *et al.* Infertility among women working in horticulture. A follow-up study in the Danish Occupational Hospitalization Register[J].Fertility and sterility,2009,91(4):135-137.

75 Karkleliene, R; Rubinskiene, M; Viskelis, P. Biological and agronomic properties of organically grown pumpkins (Cucurbitae) of different ripeness. Zemdirbyste-agriculture[J],2009,(96)209-217.

76 Lazzeri, L; Curto, G; Dallavalle, E, *et al.* Nematicidal Efficacy of Biofumigation by Defatted Brassicaceae Meal for Control of Meloidogyne incognita (Kofoid et White) Chitw. on a Full Field Zucchini Crop[J]. Journal of sustainableagriculture,2009,33(3):349-358.

77 Mazuela, P; Urrestarazu, M.The Effect of Amendment of Vegetable Waste Compost Used as Substrate in Soilless Culture on Yield and Quality of Melon Crops[J]. Compost science & utilization,2009,17(2):103-107.

78 Nannini, M; Foddi, F; Murgia, G, *et al.* Seasonal trends of whitefly populations in a Mediterranean tomato growing area[J].Commun Agric Appl Biol Sci,2010,(74):343-352.

79 Nuyttens, D; Braekman, P; Windey, S, *et al.* Potential dermal pesticide exposure affected by greenhouse spray application technique[J].Pest management science,2009,65(7):781-790.

80 Pollet, B; Steppe, K; Dambre, P, et al. Temperature integration of Hedera helix L.: Quality aspects and growth response[J].Scientia horticulturae,2009,2(120): 89-95.

81 Prameswara, VA; Johnston, M; Perkins, M, et al. Ethylene influences development and flowering of Ptilotus spp. in vitro and ex vitro[J].Scientia horticulturae,2009,122(2):227-232.

82 Sonneveld, PJ; Swinkels, GLAM; Bot, GPA, *et al.* Feasibility study for combining cooling and high grade energy production in a solar greenhouse[J].Biosystems engineering,2010,(105):51-58.

83 Speetjens, SL; Stigter, JD; van Straten, G. Physics-based model for a water-saving greenhouse[J].Biosystems engineering,2010,(105):52-58.

84 Mucha-Pelzer, Tanja; Debnath, Nitai; Goswami, Arunava, *et al.* Comparison of different silicas of natural origin as possible insecticides.[J]. Commun Agric Appl Biol Sci.2008,73(3):621-628.